zur Bonsen / Maleh
Appreciative Inquiry (AI): Der Weg zu Spitzenleistungen

Konzept und Beratung der Reihe Beltz Weiterbildung:

Prof. Dr. *Karlheinz A. Geißler,* Schlechinger Weg 13, D-81669 München.
Prof. Dr. *Bernd Weidenmann,* Weidmoosweg 5, D-83626 Valley.

Matthias zur Bonsen · Carole Maleh

Appreciative Inquiry (AI): Der Weg zu Spitzenleistungen

Eine Einführung für Anwender, Entscheider und Berater

Beltz Verlag · Weinheim und Basel

Gesetzt nach den neuen Rechtschreibregeln
Lektorat: Ingeborg Sachsenmeier

© 2001 Beltz Verlag · Weinheim und Basel
www.beltz.de
Herstellung: Klaus Kaltenberg
Satz: Media Partner GmbH, Hemsbach
Druck: Druckhaus Beltz, Hemsbach
Umschlaggestaltung: Bernhard Zerwann, Bad Dürkheim
Printed in Germany

ISBN 3-407-36380-X

Inhaltsverzeichnis

Geleitwort

Im Mai 2000 hatten wir die Ehre und Freude, 70 Personen aus ganz Europa, Asien und Südafrika zu einem Appreciative-Inquiry-Workshop in Riccione, Italien, zu treffen. Es war nicht das erste Mal, dass Appreciative Inquiry in Europa vorgestellt wurde, aber für uns war der Workshop in Riccione ein Wendepunkt. Teilnehmer kamen mit Fragen wie »Was ist Appreciative Inquiry?«, »Kann es an unterschiedliche Kulturen angepasst werden und trotzdem noch Erfolg haben?«, »Wie können wir solch eine radikal positive Philosophie und Methodik in unseren Organisationen einführen, ohne lächerlich zu wirken?«, »Wie kann Appreciative Inquiry in Situationen politischer Machtausübung, bei Zynismus oder bei Konflikten helfen?«. – Einige dieser Fragen wurden unmittelbar auf dem Workshop behandelt. Andere dagegen wurden indirekt, aber deutlich angesprochen, während wir davon sprachen, wie Appreciative Inquiry in Unternehmen und Organisationen überall in der Welt angewandt wird. Wie so oft, lernten und verstanden wir vieles gerade durch den Austausch von Geschichten.

Während der Woche, die wir gemeinsam verbrachten, kamen wir einander näher. Wir lernten zusammen und waren gemeinsam kreativ. Als wir wieder auseinander gingen, waren wir von neuer Hoffnung erfüllt und spürten das Aufkeimen unwiderstehlicher positiver Möglichkeiten. Unsere neuen Kolleginnen und Kollegen verließen Riccione, und sie bezeichneten sich selbst als das europäische Appreciative-Inquiry-Netzwerk, fest entschlossen, Appreciative Inquiry in ihr berufliches Umfeld einzubringen. Sie persönlich verpflichteten sich zu Projekten wie der Übersetzung von Materialien zu Appreciative Inquiry ins Dänische, dem Einsatz von Appreciative Inquiry bei einer Unternehmensfusion, der Lancierung eines »Imagine Austria«-Projektes, der Ausrichtung von Appreciative-Inquiry-Konferenzen für Städte und Gemeinden in Schweden, Deutschland und Thailand und schließlich dem Schreiben dieses Buches, um deutschsprachige Berater und Führungskräfte mit Appreciative Inquiry bekannt zu machen.

Die in diesem Buch dargelegten Prinzipien und Vorgehensweisen signalisieren eine sich weltweit ausdehnende Bewegung hin zu Veränderungen, die auf dem Positiven aufbauen. In so unterschiedlichen Bereichen wie Psychologie, Theologie, Management und Organisationsentwicklung entdecken Praktiker und Professoren, Pädagogen und Unternehmer den Wert bejahender, die Lebendigkeit fördernder Veränderungsansätze. Die Vorstellung positiver Veränderung – dass gemeinsames Fragen nach dem Wahren, dem Guten, dem Besseren, dem Möglichen zu schnellerer, demokratischerer und dynamischerer Veränderung führt als die an Defiziten orientierte Untersuchung des Fehlerhaften und Problematischen – ist der aufrüttelnde Leitgedanke dieses Buches. Positive Veränderungsprozesse konzentrieren sich auf das, was eine Organisation, eine Gemeinschaft oder eine Beziehung in ihren besten Zeiten lebendig erhält. Als Methode für eine nachhaltige Entwicklung beginnt positive Veränderung mit der Untersuchung des positiven Kerns – der Stärken, Fähigkeiten, Kompetenzen, Ressourcen, Gaben und Aktivposten – einer Organisation.

Appreciative Inquiry ist in Management und Organisationsentwicklung das Herzstück der Bewegung zu positiver Veränderung hin. In den letzten zehn Jahren haben sich 100 Nichtregierungsorganisationen in der ganzen Welt Appreciative Inquiry als Managementphilosophie und Entwicklungsansatz zu Eigen gemacht. Im selben Zeitraum haben Unternehmen wie Nutrimental in Brasilien, British Airways, Roadway, Verizon und Hunter Douglas in den Vereinigten Staaten mit erstaunlichen Erfolgen Appreciative Inquiry bei ihren Mitarbeitern eingesetzt. Wie Umfragen zeigen, haben sich die Zufriedenheit der Arbeitnehmer und ihre Bindung an die Unternehmen verbessert, Erträge und Rentabilität sind gestiegen, Geschäftskosten zurückgegangen. In allen Fällen wurde Appreciative Inquiry auf den jeweiligen Unternehmenskontext und die Probleme der Organisation »zugeschnitten«.

Das Material in diesem Buch ist »praktisches« Material. Sie können es nutzen, um einen Appreciative-Inquiry-Prozess in Ihrer Organisation anzuregen. Matthias zur Bonsen und Carole Maleh, erfolgreiche Berater für fundamentale Veränderungsprozesse und engagierte Pioniere, die Appreciative Inquiry der europäischen Öffentlichkeit vorstellen, erläutern die Grundlagen von Appreciative Inquiry als einer Philosophie und Methodik. Sie geben Ihnen einen Überblick über das Appreciative-4-D-Modell, wie man Kernthemen auswählt und Fragen für ein Appreciative-Inquiry-Interview entwickelt. Ihre Erläuterungen, wie man Appreciative Inquiry beim Aufbau von Teams und bei komplexen Projekten einsetzt, basieren auf ihren Erfahrungen mit Appreciative Inquiry. Achten Sie besonders auf die Anwendung von Appreciative Inquiry in der Arbeit mit großen Gruppen. Das ist etwas ganz Besonderes. Wenn man das ganze System unter den richtigen Bedingungen einsetzt, führt das zu Durchbrüchen. Es bringt in den Menschen die besten Seiten zum Vorschein – das haben wir im wahrsten Sinne des Wortes jedes Mal erlebt.

Dieses Buch ist ein Anfang, eine Einladung zu einer positiven Revolution. Appreciative Inquiry ist aufregend und basiert auf der Überzeugung, dass auf unserer gemeinsamen Reise ein neuer geistiger Stoffwechsel nötig ist – jenseits der Veränderungstheorien, die von der Maschinenlogik des 20. Jahrhunderts bestimmt sind und die von der Problemanalyse und der Konzentration auf die Defizite ausgehen. Der lebenszentrierte Instinkt von Appreciative Inquiry als einer Methode – sie sucht immerzu nach dem, was menschlichen Systemen Leben gibt, wenn sie in höchstem Maße lebendig, befreiend, sinnvoll, kreativ in ihren Aktivitäten und auf gesunde Weise mit ihren Gemeinschaften verbunden sind – wird noch dadurch gestärkt, dass Diagnose und Veränderung als ein einheitlicher Vorgang gesehen werden. Menschliche Systeme bewegen sich in Richtung der Dinge, über die wir am häufigsten und in authentischer Weise Fragen stellen. Wenn dies der Fall ist, dann gibt es nichts Stärkeres als Fragen, die zu neuen Möglichkeiten führen, die uns mit jeder vorhandenen Fähigkeit in Verbindung bringen und die uns helfen, nicht nur von neuen, sondern von besseren Zeiten gemeinsam Visionen zu entwickeln.

Viel Spaß mit diesem praktischen Buch. Nutzen Sie es, um Ihren eigenen »Entdeckergeist« genau dann in Organisationen zu tragen, wenn sie bei Menschen deren beste Seiten zum Vorschein bringen. Seien Sie kreativ. Experimentieren Sie mit den Appreciative-Inquiry-Fragen. Entwerfen Sie Ihre eigenen Fragen. Fangen Sie klein an. Warten Sie, was passiert. Denn am Ende ist es Ihre eigene Erfahrung, die zählt. Und wenn es Ihnen geht wie uns, dann werden auch Sie und Ihre Arbeit dynamisch werden. Appreciative-Inquiry-Diagnose und Veränderung finden zur gleichen Zeit statt, und unausweichlich sind wir selber »mitten drin«, auch wenn die Diagnose »da draußen« stattfindet. Appreciative Inquiry greift ein und funktioniert in beide Richtungen. Wir können uns keine der Gesundheit förderlichere Beschäftigung denken, als sich jeden Tag mit Appreciative Inquiry zu befassen – das heißt: ein Vermittler von Appreciative Inquiry zu sein – als Erforscher lebensfördernder Prozesse, Strukturen, Systeme, Gespräche, Innovationen, Partnerschaften, wirtschaftlicher Praktiken, Rituale, Sprachen, Geschichten, Alltagswunder, Technologien, Beziehungen und mehr. Es ist an der Zeit, menschliche Organisationen zu überdenken und zu ändern – und dieses wundervolle kleine Buch fängt damit an, uns einen neuen Weg zu zeigen.

Februar 2001   *David Cooperrider und Diana Whitney*

Vorwort

Dieses Buch entstand aus dem dringenden Wunsch, im deutschen Sprachraum so rasch wie möglich eine Methode und Philosophie bekannt zu machen, die aus unserer Sicht überaus wertvoll ist: *Appreciative Inquiry* (AI). Diese Methode hat seit ihrem Entstehen in den USA für viel Furore gesorgt und eine rasche, nahezu explosionsartige Verbreitung gefunden. Das *OD Journal,* die Zeitschrift des amerikanischen *Organization Development Network,* hat beispielsweise seine erste Ausgabe im neuen Jahrtausend einem einzigen Thema gewidmet: Appreciative Inquiry. Keine andere methodische Innovation habe in den letzten zehn Jahren die Disziplin der Organisationsentwicklung mehr geprägt als AI, heißt es im Editorial.

In den USA sind seit der ersten Veröffentlichung von David Cooperrider und Suresh Srivastva im Jahr 1987 über hundert Artikel und mehrere Herausgeber-Bücher erschienen. Doch selbst dort gibt es noch kein Buch über AI, das gut in die Methode einführt und das man ins Deutsche übersetzen könnte. Daher haben wir uns entschlossen, ein solches Werk für den deutschsprachigen Raum zu erstellen.

Wir wollten ein kleines Buch schaffen, das einen guten Überblick über die Methode gibt. Es sollte ein Buch entstehen, das Sie als Leserin und Leser mit verhältnismäßig geringem Zeitaufwand lesen können, um zu entscheiden, ob Sie sich mit AI vertieft auseinander setzen möchten. Wir hoffen, dass das Buch diesem Ziel gerecht wird. Wir wünschen uns, dass es Sie und viele andere Menschen inspiriert und anregt, sich mit AI eingehender zu beschäftigen. Und wir wünschen Ihnen, dass Sie bei der Anwendung von AI dieselbe Begeisterung und Freude empfinden, die uns zuteil wurde und immer wieder zuteil wird.

Wir sind sicher, dass AI auch im deutschsprachigen Raum eine großartige Karriere bevorsteht. Das bereits von David Cooperrider und Diana Whitney erwähnte Seminar in Riccione im Mai 2000 (das von Matthias zur Bonsen mit organisiert wurde) war ein gelungener Start. Die Begeisterung unserer Kollegen war ungemein groß. Schon bald danach hörten wir Berichte über die Anwendung von AI in allen möglichen Gebieten, wie beispielsweise in der Stadt-, Unternehmens- und Teamentwicklung. Selten haben wir erlebt, dass neues Wissen in unserer Disziplin so schnell zur Umsetzung gelangte. Auch heute, etwa ein Jahr später, steht AI bei uns noch relativ am Anfang. Frühe Leser dieses Buchs werden mit zu den Pionieren gehören. Doch ob früh oder spät, wir hoffen, dass Sie dabei sind und mithelfen, AI fruchtbar zu machen.

Das Material, das hier präsentiert wird, hat zum größten Teil zwei Urheber: David Cooperrider und Diana Whitney, beide unermüdliche Weiterentwickler und Verbreiter für AI. Beide teilen großzügig ihr Wissen und Können und sind uns damit Vorbild. Wir sind David und Diana daher zu großem Dank verpflichtet.

Oberursel/Hannover, April 2001   *Matthias zur Bonsen, Carole Maleh*

Einleitung

Vor einer der herausforderndsten Mobilisierungs- und Kulturveränderungsaufgaben des letzten Jahrhunderts stand Winston Churchill im Jahre 1940. Als er Premier in Großbritannien geworden war, hatte Hitler bereits die Niederlande, Belgien und halb Frankreich überrannt. Deutsche Raketen schlugen in London ein und die Pläne für die Invasion nach England lagen in Berlin fertig in der Schublade. Es schien kaum möglich, Hitler noch zu stoppen. Zumindest sah das der größte Teil der Engländer so. Historiker berichten, dass diese nicht glaubten, ihre Lage wenden zu können. Sie waren resigniert, auch in den höchsten Rängen der Regierung. Bis Churchill am 10. Mai 1940 Premierminister wurde – ein Mann, der den Geist Englands veränderte.

Wie hat nun Churchill begonnen, den »Spirit« und die Kultur (im Sinne von Organisationskultur) seines Landes zu verändern? Hat er mit einer Diagnose der Missstände angefangen? Hat er sauber herausgearbeitet, dass die Nation gespalten und in kleinliche Streitereien verstrickt war, während das Umfeld unaufhaltsam turbulenter wurde? Hat er aufgezeigt, dass es einen Teufelskreis aus Schuldzuweisungen und defensiven Reaktionen gab? Dass viel zu wenig Menschen den Mut zu innovativem und kreativem Handeln fanden? Dass trennende Mauern dort standen, wo es eine große gemeinsame Anstrengung brauchte? Hat er mit dieser Diagnose die Führungskräfte, sprich Eliten des Landes, konfrontiert und sie aufgerüttelt? Hat er ihnen deutlich gemacht, dass ihr Verhalten einfach nicht in Ordnung ist, dass ein Ruck durch das Land gehen müsse und es jetzt wirklich Zeit sei für einen Veränderungsprozess?

Mitnichten. Winston Churchill weigerte sich schlicht, nur diese eine Seite der Realität zu sehen. Er weigerte sich zu akzeptieren, dass seine Landsleute tatsächlich so mutlos waren und sich gegenseitig lähmten. Er urteilte nicht nach der äußeren Erscheinung. Er wusste vielmehr, dass in den Engländern ein enormes Potenzial steckte, das sich nur noch nicht richtig entfaltet hatte. Er sah in seinen Landsleuten Helden, die zu großen Taten fähig waren. Und er sagte es ihnen auch. Mit größter Intensität idealisierte er sie. Er machte ihnen klar, dass sie zu »Blut, Schweiß und Tränen« fähig seien und dass »nicht geduldet wird, dass unsere Sache Schiffbruch erleidet«. Er glaubte an das Idealbild, das er von seinen Landsleuten hatte, und er glaubte an den britischen Sieg. Beides war unumstößlicher Bestandteil seiner Realität. Und indem er seine Sicht der Realität sehr wirkungsvoll mitteilte, begannen die Engländer in einer kritischen Phase ihrer Geschichte selbst an ihr großes Potenzial zu glauben. Sie änderten das Bild, das sie von sich selber hatten, und begannen zu erkennen, zu welchen Heldentaten sie fähig waren. Der Rest ist Geschichte.

Diese Geschichte demonstriert wunderbar einen der Kernpunkte von Appreciative Inquiry: Menschen und menschliche Systeme, seien es Nationen, Organisationen oder Teams, tendieren dazu, zu dem Bild zu werden, das sie sich von sich selber machen. Sie konstruieren sich eine Realität und werden dadurch zu dieser Realität. Daher ist es für jeden, der menschliche Systeme verändern möchte, von großer Bedeutung, dazu beizutragen, dass diese ein positives Bild von sich selbst entwickeln. Es ist wichtig, ihnen das Potenzial bewusst zu machen, das in ihnen steckt, auch wenn es bislang nur in ihren besten Momenten aufflackert. Es ist entscheidend, ihnen zu zeigen, dass sie alle Ressourcen haben, die sie zur Bewältigung ihrer Aufgaben brauchen. Das ist die zentrale Intention der Methode AI.

Wir können uns selbst, andere Menschen, Organisationen und sonstige menschliche Systeme in grundsätzlich zweierlei Weise wahrnehmen. Wir können uns und andere entweder als Wesen verstehen, die mit Mängeln behaftet sind. Dann sehen wir vor allem, was an einer Organisation oder auch an uns *nicht stimmt.* Wir sehen also unsere Defizite. Wir können aber auch in uns selbst, in anderen Menschen und Organisationen ein große Möglichkeiten erkennen – Möglichkeiten, die so umfassend sind, dass wir sie gar nicht ganz ermessen können.

In aller Regel tendieren wir zu der ersten Sichtweise. Wir sehen häufig lieber die Mängel als das immense Potenzial. Wir blähen das Negative, das wir ja tatsächlich erleben oder erlebt haben, dermaßen auf, dass wir all die positiven Beispiele, die für unser Potenzial stehen, nicht mehr erkennen können. Und damit schränken wir uns und unsere Möglichkeiten ein. Das taten auch die Engländer um 1940.

AI ist eine Methode, die auf *Wertschätzung* aufbaut. Zur Wertschätzung gehört die Grundannahme, dass jeder Mensch, jedes Team und jede Organisation ein viel größeres Potenzial haben, als ihnen in der Regel bewusst ist. Und zur Wertschätzung gehört die Sichtweise, dass diese Kraft immer schon punktuell aufblitzt. Dafür lassen sich zahllose Beispiele finden. AI will den Nebel der Defizit-Wahrnehmung, der die Sicht auf die positivsten Fähigkeiten und Erfahrungen verhüllt, wegblasen und die Kraft, die in Menschen und Organisationen steckt, sichtbar machen.

Kapitel 1
Appreciative Inquiry: Erkunden und Entwickeln des Positiven

Die Suche nach den Juwelen der Organisation

In jeder Organisation gibt es Juwelen

In jeder Organisation gibt es etwas, das gut funktioniert. Es gibt sogar vieles, das brillant funktioniert. Vielleicht nicht immer, vielleicht nicht überall und vielleicht nicht konsequent. Doch zumindest punktuell hat jede Organisation Zeiträume, in denen sie exzellent ist und Angelegenheiten bestens erledigt.

In Organisationen mag das alltägliche Geschehen von vielen Personen als grau und unbefriedigend empfunden werden. Doch gleichzeitig erlebt fast jeder Mitarbeiter auch herausragende Momente. Momente der Freude oder Augenblicke, in denen man sich besonders wohl und lebendig fühlt. Situationen, wo man sich einbringen kann und etwas Besonderes bewirkt oder Inspirierendes erlebt. Solche herausragenden Erlebnisse können für den Einzelnen durchaus auch Wochen oder Monate andauern.

Bedeutung von Appreciative Inquiry

Appreciative lässt sich mit *wertschätzend* übersetzen. Bei AI geht es um die Wertschätzung des Besten der Menschen und der Organisation, um das Bejahen und Bestätigen von Stärken und Erfolgen. AI identifiziert die bereits bestehenden Elemente, die Lebendigkeit und Kraft in eine Organisation bringen, die so genannten *belebenden Faktoren*.

Inquiry kommt von *to inquire*, was man mit *erkunden* oder *untersuchen* übersetzen kann. Es geht darum, die Juwelen – das, was in der Organisation bereits gut funktioniert – durch gezielte Fragen zu entdecken. Das bereits bestehende Potenzial zum Erfolg und die Möglichkeiten, wie man den Erfolg wiederholen kann, werden aufgespürt.

Zur deutschen Übersetzung: Eine mögliche wörtliche Übersetzung von AI ist *Wertschätzende Erkundung*. Sie befriedigt uns jedoch noch nicht so, dass wir sie im ganzen Buch verwenden wollen. Die wirklich ideale – treffende, eingängige und prägnante – Übersetzung haben wir noch nicht gefunden. Auch Gespräche mit vielen Kollegen haben bislang nur ergeben, dass wir bei Appreciative Inquiry oder kurz AI bleiben. Denn keiner der anderen uns bekannten Vorschläge (*Wertschätzende Unternehmensentwicklung*, *Positives Fragen* oder *Expansion des Positiven*) hat allgemeine Zustimmung gefunden. Vielleicht haben Sie eine Idee.

Die Facetten der Brillanz und die außergewöhnlichen Momente sind wichtige Ressourcen der Organisation. Sie zeigen eindrücklich, wozu die Organisation fähig wäre und wohin sie sich aufschwingen könnte. Nennen wir sie die »Juwelen« der Organisation.

AI ist eine Methode, die diese Juwelen erkundet und nutzt. Es geht darum, das Beste der Organisation zu erkennen und weiterzuentwickeln. AI betrachtet die Organisation (oder das Team) nicht als ein *Problem*, das gelöst werden muss, sondern als ein *Potenzial*, das entfaltet werden kann. Mit einer einfachen Interviewmethodik, die in Kapitel 2 ausführlich beschrieben wird, wird nach den Momenten der Freude und nach den Facetten der Brillanz gefragt und werden die Juwelen »ausgegraben« – aus dem Hintergrundbewusstsein der Beteiligten. Auf dieser Basis werden später Visionen des Möglichen entworfen und präzisiert, anschließend Maßnahmen geplant oder weitere Vereinbarungen getroffen.

Das Beste in der Organisation erkennen und weiterentwickeln

AI geht davon aus, dass es in jeder Organisation »life giving forces« gibt. Das sind die Schlüsselfaktoren, die einer Organisation Vitalität, Kraft und Stärke geben. Man könnte sie auch »*belebende Faktoren*« nennen. AI will diese belebenden Faktoren identifizieren, damit sie gezielt verstärkt werden können und der Organisation noch mehr Lebendigkeit verleihen.

Schlüsselfaktoren, die dem Unternehmen Vitalität, Kraft und Stärke geben: die belebenden Faktoren

In diesem Sinn ist AI eine Form der Organisationsanalyse. Es wird aber nicht nur nach den herausragenden Erlebnissen – den Augenblicken der Freude – gefragt, es wird auch untersucht, was diese Momente eigentlich erst ermöglichte. Welche Bedingungen im Umfeld (Führung, Kollegen, Aufgaben, Regelungen, Traditionen, Schulungen etc.) haben dazu beigetragen? Wenn man diese Rahmenbedingungen kennt, weiß man, was zu tun ist, um den Boden für noch mehr Zeitspannen der Freude und noch mehr Brillanz zu bereiten.

In einem Unternehmen der New Economy, einem der führenden Internet-Jobboards Europas, startete die erweiterte Geschäftsleitung ihre Visionsentwicklung, indem sie durch einen AI-Prozess die *belebenden Faktoren* ihrer jungen AG herausarbeitete:

- ❖ der Freiraum, wirklich etwas beitragen zu können,
- ❖ Tempo der Entscheidungsfindung, des Handelns und des Wachstums,
- ❖ der innovative Geist – die aktiven Gründer,
- ❖ unsere internationale Kultur,
- ❖ Team-Spirit,
- ❖ Faszination von »bizz, people, culture«.

Wenn ein Veränderungsprozess, sei es in einem Team, in einer Organisation oder einer anderen Art von Gemeinschaft (zum Beispiel einer Stadt), dadurch eingeleitet wird, dass man zuerst nach den außergewöhnlichen Momenten und nach den brillanten Facetten forscht, ergeben sich daraus mehrere Vorteile:

Veränderungsprozesse mit AI gestartet bringen Vorteile

- ❖ Von Beginn an fühlen sich die Beteiligten motiviert. Es macht ihnen Freude, sich an das Beste in ihrem beruflichen Leben und in ihrer Organisation zurückzuerinnern. Sie werden sichtlich lebendig, wenn sie darüber reden.
- ❖ Es entsteht ein positiveres Selbstbild – ein Aha-Erlebnis im Sinne von »Hoppla, wir sind ja gar nicht so schlecht, wie wir dachten«.
- ❖ Es wird deutlich, welches Potenzial für die Zukunft in der Organisation steckt. Es entstehen viele Bilder, was noch aus dieser Organisation werden könnte. Die kollektive Vision wird angereichert.
- ❖ Abwertende Vorurteile und Stereotypen gegenüber Kollegen, Abteilungen, Chefs oder Mitarbeitern werden relativiert oder sogar umgekehrt. Denn jeder hört viele Geschichten darüber, wie die jeweils anderen in positiver Weise gehandelt haben.
- ❖ Es wird viel über vorbildliche Beispiele gelernt, über brillante Facetten in anderen Winkeln der Organisation, die sich nachahmen lassen oder über die man noch hinausgehen kann. Viele gute Ideen werden übertragen. Oft sind diese Ideen dort nicht bekannt, wo sie publik sein sollten (besonders in Organisationen mit vielen ähnlichen Einheiten wie beispielsweise einer Zentrale mit Filialen).
- ❖ Die Zukunftsentwürfe und Ziele, die später entstehen, wurzeln in den Gegebenheiten. Die Beteiligten glauben eher daran, dass sie realisierbar sind, da sie bereits in der Vergangenheit punktuell gelebt wurden.
- ❖ Es wird deutlich, dass nicht nur alles verändert werden muss, sondern dass es vieles gibt, das beibehalten werden kann. Menschen sind eher zu Veränderungen bereit, wenn auch das Gute der Vergangenheit gewürdigt und aktiv beibehalten wird.

Vielfältige Anwendungs-möglichkeiten von AI

Appreciative Inquiry lässt sich dort einsetzen, wo ein Team, eine Organisation oder eine andere Art von Gemeinschaft sich entwickeln und/oder die Zukunft neu für sich und andere gestalten will. Bei jeder Veränderungsthematik, bei der es hilft, dass die Beteiligten ein größeres Bewusstsein ihrer bereits vorhandenen Fähigkeiten und Stärken und ein damit besseres Selbstbild entwickeln, kann AI sehr hilfreich sein.

Beispielhafte Anwendungsmöglichkeiten sind:

❖ Eine Abteilung, die in einem Unternehmen die Schnittstelle zum Kunden darstellt, will einen herausragenden Kundenservice entwickeln.

❖ Ein Krankenhaus möchte eine beispielhaft gute Zusammenarbeit zwischen Pflegern und Ärzten erreichen.

❖ Ein Team soll weiter zusammenwachsen und die Leistungsfähigkeit steigern.

❖ Eine Organisation hat vor, eine Vision ihrer Zukunft zu entwerfen und/oder strategische Ziele zu entwickeln. Für die Umsetzung dieser Vision und Ziele.

❖ Eine Organisation will an ihrer Führungskultur arbeiten und ein Führungsleitbild erstellen.

❖ Eine Bank möchte erreichen, dass im Privatkundengeschäft flächendeckender als bisher »aktiv verkauft« wird.

❖ Eine Versicherung will die Zusammenarbeit und die Abläufe zwischen Außendienst, Geschäftsstellen und Hauptverwaltung optimieren.

❖ In einem Fertigungsunternehmen soll ein eingeschlafenes TQM-Projekt revitalisiert werden.

❖ Eine Hotelkette will erreichen, dass gute Ideen, die sich an einem Ort bewährt haben, rasch in der ganzen Organisation bekannt werden und eine Kultur der Innovation und des Lernens entsteht.

❖ Eine Organisation möchte bestmögliche Chancen für die in ihr arbeitenden Frauen und eine gute Zusammenarbeit zwischen den Geschlechtern realisieren.

❖ Die Managementteams zweier fusionierter Unternehmen wollen zusammenwachsen und einen gemeinsamen Weg für die Zukunft erarbeiten.

AI arbeitet immer zu etwas hin, nicht von etwas weg

Diese Liste ließe sich nahezu beliebig verlängern. Immer geht es darum, dass ein menschliches System sich eine bessere Zukunft schafft, »zu etwas hin« statt »von etwas weg«. AI kann beispielsweise nicht eingesetzt werden, um

»sexuelle Belästigung« zu minimieren. Doch wenn mittels AI an »Qualitätsbeziehungen zwischen den Geschlechtern« gearbeitet wird, wird sich das genannte Problem von alleine verringern. Wie schon geschrieben: Es soll nie ein Problem beseitigt, sondern immer ein Potenzial entfaltet werden.

Appreciative Inquiry wurde Mitte der 80er-Jahre in den USA von David Cooperrider, der damals an seiner Doktorarbeit arbeitete, entwickelt. Sein Lehrer Suresh Srivastva an der Case Western Reserve University erkannte rasch die Möglichkeiten des neuen Ansatzes und unterstützte ihn maßgeblich in der Entwicklung dieser Methode. Sie konzipierten die Methode mit der Absicht, über ein Instrument zu verfügen, mit dem Unternehmen und Institutionen wettbewerbsfähiger und somit effektiver gemacht werden können.

Ursprung der Methode

Cooperrider forderte die traditionelle Organisationsentwicklung heraus. Statt des problembezogenen Denkens musste es auch einen anderen – effektiveren – Weg geben. Seine Frau, eine Künstlerin, ermutigte ihn, Organisationen als Gebilde von Vollkommenheit und nicht als Systeme voller Mängel zu sehen. Er arbeitete an einer Vielzahl von Studien in den Bereichen Management, Psychologie, Soziologie und Erziehung. Daraus entwickelte er ein Set von Theorien. Aus diesen wiederum, angereichert mit den eigenen praktischen Erfahrungen sowie mit denen seiner Kollegen, entstand schließlich die Methode Appreciative Inquiry.

Ursprünglich wurde AI für die Arbeit mit kleinen Gruppen und für Organisationen konzipiert. Doch bei diesem Anwendungsfeld blieb es nicht. In den letzten Jahren machte AI eine Evolution hin zu großflächigeren Veränderungsprozessen und zur Arbeit mit großen, bis hin zu sehr großen Gruppen durch. Mittlerweile wird AI auch in »losen Systemen« wie in Städten, Regionen, Ländern oder sogar ganzen Kontinenten, wie zum Beispiel in dem Projekt »Imagine Africa«, eingesetzt.

Organisationen werden zu dem Bild, das sie sich von sich selbst machen

In jeder Organisation machen sich die Menschen ein Bild von dieser Organisation. Dieses beschreibt, wie man früher war, wie man heute ist und was man werden könnte. Es beschreibt das Verhältnis zur Außenwelt wie auch die Binnenbeziehungen. Es skizziert die Führung genauso wie die Mitarbeiter als Gesamtheit. Es ist ein kollektives Selbstbild, nicht eine Projektion Einzelner. Natürlich decken sich die Bilder keiner zweier Mitglieder dieser Organisation zu hundert Prozent. Und dennoch gibt es ein gemeinsames Bild, das von der großen Mehrheit getragen wird.

Geschichten bestimmen das Bild von der Organisation

Denn Menschen in Organisationen kommunizieren ihr Bild tagtäglich. Sie tun dies, indem sie Geschichten erzählen. Als Homo narrans erzählen wir uns andauernd Geschichten, in der Kantine, auf den Gängen, auf dem Parkplatz, vor und nach den Besprechungen, überall. Manchmal sind die Geschichten länger, bisweilen kürzer, ab und zu bestehen sie nur aus einem Schlüsselwort oder aus einem Witz. Das Erzählen ist eine unserer Methoden, die Wirklichkeit zu strukturieren und unserem Erleben eine Bedeutung zu geben. Jede Organisation hat ihre dominierenden Geschichten, die immer wieder weitergetragen werden. Jeder kennt dann beispielsweise die Geschichte, wie seinerzeit der Vorsitzende des Konzernvorstands in der Lobby der Firma alle Mitarbeiter zusammenrief und den Geschäftsführer, den er gerade rausgeschmissen hatte, öffentlich »abkanzelte«. »Genüsslich« wird die Begebenheit noch Jahre später wieder und wieder von neuem erzählt, denn sie enthält implizit eine wichtige Botschaft über die Organisation.

Die dominierenden Geschichten einer Organisation sind eine symbolische Repräsentation dessen, wie die Mitglieder der Organisation sich und ihre Organisation wahrnehmen. Sie sind nicht die Realität, sondern die Brille, durch die die Wirklichkeit wahrgenommen wird. Sie sind die ganz spezielle Mythologie einer Organisation.

Was immer wir nun als Leitbild oder Vision auf Glanzpapier drucken oder an die Wand nageln, diese Geschichten bzw. das Bild, für das sie stehen, sind die Vision, die tatsächlich wirkt. Sie enthalten das Zukunftsbild, an das die Mitglieder der Organisation tatsächlich glauben. Die Geschichten, die Menschen sich in Organisationen erzählen, können nun inspirierend sein oder sie verschmutzen die Atmosphäre. Aus persönlicher Erfahrung wissen wir es alle: Wir lieben es geradezu, in negativen, »sauren« Geschichten zu schwelgen. Wir blähen sie gerne auf. Wer beispielsweise jemals eine Organisation erlebt hat, in der Aufträge von zwei oder mehr Personen arbeitsteilig erledigt werden, kennt das Phänomen, dass jeder der Beteiligten mit einem reichen Repertoire an »Gruselgeschichten« dazu aufwarten kann, wie »mal wieder« ein Auftrag »versiebt« wurde.

Geschichten inspirieren oder demotivieren

Um es drastisch und überzogen auszudrücken: Wir machen unser Land schlecht, unsere Mitbürger, unsere Firma, unsere Chefs, unsere Kollegen, unsere Mitarbeiter, die anderen Abteilungen, unsere Vergangenheit, unsere Gegenwart, unsere Zukunft und gar nicht so selten auch uns selbst. Der Philosoph Peter Sloterdijk hat das einmal als *diffusen Zynismus* bezeichnet. So entsteht eine verzerrte Realitätswahrnehmung, die nicht vollständig widerspiegelt, was *tatsächlich ist,* und vor allem nicht, was *potenziell auch schon ist.* Wenn die negativen Geschichten überwiegen, nehmen wir unsere Organisation als einen großen Haufen Unrat wahr, sehen nicht die Preziosen, die darin verborgen sind, und auch nicht das Juwel, das die ganze Organisation sein könnte.

Das, worauf wir unsere Aufmerksamkeit richten, nimmt zu

Das Fatale daran ist, dass wir immer zu dem Bild werden, das wir uns von uns machen. Wir werden immer – individuell und kollektiv – zu den Geschichten, die wir uns über uns selbst erzählen. Oder anders ausgedrückt: Das, worauf wir unsere Aufmerksamkeit richten, nimmt zu. Hierfür sind in den vergangenen Jahren in den unterschiedlichsten Disziplinen Beweise gesammelt worden. George Bernard Shaws *Pygmalion* – auch als Musical *My Fair Lady* bekannt geworden – wurde beispielsweise zum Namensgeber für den Pygmalioneffekt. Mehrere hundert Studien haben inzwischen gezeigt, dass Schüler so gute oder so schlechte Leistungen zeigen, wie es ihre Lehrer von ihnen erwarten. Denn die Erwartung der Lehrer wird unbewusst kommuniziert, überträgt sich gleichermaßen unterschwellig auf die Schüler und prägt so das Bild, das diese sich von sich selber machen. Und zu diesem Bild werden sie dann. Der Historiker Fred Polak hat gezeigt, dass Kulturen immer dann aufblühen, wenn sie sich ein positives Bild von sich selbst und ihrer Zukunft machen, und dass sie dann zerfallen, wenn dieses Bild seine Kraft verliert.

Wenn man in Organisationen oder Teams die besonders »harzigen« Probleme untersucht, also die, die schon vielen »Reparaturversuchen« widerstanden haben und denen nicht beizukommen ist, wird man feststellen, dass diese sehr oft durch ein negatives Selbstbild zementiert werden. Zurzeit stellen beispielsweise in einigen Branchen Unternehmen fest, dass sie die talentiertesten weiblichen Nachwuchskräfte verlieren, weil diese keine ausreichenden Chancen für sich sehen. Sie entdecken, dass sich dieses Problem nicht so einfach lösen lässt, wie man ein neues Produkt entwickeln kann. Denn durch die vielfältigen Geschichten, die man sich im Unternehmen über Frauen (und Männer) und die Frauen sich über ihre Situation erzählen, werden immer wieder die alten Handlungsmuster hervorgerufen. Die »harzigen« Probleme entstehen durch das permanente Wiederholen der alten Geschichten. Sie entstehen durch die ständige Bestärkung (Affirmation) der alten Realitätswahrnehmung.

Wenn wir ein »gesundes« Team oder eine »gesunde« Organisation schaffen wollen, dann müssen wir dazu beitragen, dass inspirierende Geschichten erzählt werden und ein positives Bild von der Organisation oder vom Team entsteht. Es geht aber nicht nur darum, eine attraktive Vision für die Zukunft zu gestalten. Auch Vergangenheit und Gegenwart müssen aufgewertet werden. Denn aus Bildern der Vergangenheit und der Gegenwart wird die Zukunft des Unternehmens gespeist. Das Potenzial, das für zukünftige Entwicklungen steht, kann nur so groß sein, wie der zugrunde liegende Grundstock. Es ist kaum möglich, die eigene Vergangenheit und Gegenwart vorwiegend schwarz zu sehen und gleichzeitig an eine sonnige Zukunft zu glauben.

Grundannahmen von Appreciative Inquiry

1. Jeder Mensch, jedes Team und jede Organisation hat ein ungeahnt großes Potenzial, das manchmal schon aufblitzt.

2. Organisationen entwickeln sich immer in die Richtung dessen, worauf sie ihre Aufmerksamkeit richten und was sie untersuchen.

Genau hier setzt AI an. Mittels der AI-Interviews wird, wie schon beschrieben, nach den Momenten der Freude und den Facetten der Brillanz gefragt. Viele Geschichten über außergewöhnliche persönliche Erlebnisse und herausragende Aspekte der Organisation oder des Teams kommen so an die Oberfläche. Diese Bilder machen deutlich, dass die Organisation oder das Team ungeahntes Potenzial in sich birgt, von dem bislang nur sporadisch die eine oder andere Facette aufblitzte. So wandelt sich schon in der ersten Phase eines Veränderungsprozesses, der auf AI aufbaut, die Selbstwahrnehmung.

Durch AI werden ganz gezielt wahre Schätze von Geschichten gehoben. Es wird deutlich, dass da, wo man nur einen Haufen Unrat vermutete, tatsächlich viele Juwelen versteckt waren. Die »wiedergefundenen« Geschichten werden erzählt und die kollektive Selbstwahrnehmung verbessert sich. Manchmal ist es eine große Fülle an positivem Material. Damit verändert sich auch der *Spirit* des Teams oder der Organisation. Denn er ist der Energiestrom, der die Essenz jeder Organisation darstellt, ist nur die andere Seite der Medaille »Selbstwahrnehmung«. Wenn die Geschichten, die erzählt werden, inspirieren, wird auch der Geist der Organisation kraftvoll.

Der Fluch der Defizit-Orientierung

Wenn man zehn Menschen ohne jede weitere Instruktion den Auftrag gäbe, eine bestimmte Organisation zu analysieren, dann kämen diese vermutlich mit einer Ausarbeitung zurück, die eine lange Liste von Schwächen enthält, die diese Organisation hat. Es scheint ein Automatismus zu sein, defizitorientiert vorzugehen. In der Disziplin der Organisationsentwicklung ist er tief verwurzelt, auch wenn wir seit einiger Zeit vermehrt von der »Ressourcen- und Lösungsorientierung« sprechen. In Workshops werden zunächst häufig Probleme gesammelt und gewichtet. Für ganze Organisationen werden Diagnosen erarbeitet und dann zum Zwecke des »Unfreezing« allen Beteiligten präsentiert. Selbst in der systemisch geprägten Literatur lassen sich Fallbeispiele finden, die mit einer großen Diagnose beginnen und mit der dann die Führungskräfte konfrontiert werden. Die Defizite werden zwar positiv bewertet (konnotiert), dennoch zeigen die Beteiligten zuweilen Widerstand. Wenn Diagnosen Widerstand erzeugen, denken oder sagen die Beteiligten vielleicht: »So sind wir doch gar nicht.« Oder: »Da ist ein Zerrbild von unserer Organisation gezeichnet worden«. Und schon formieren sich Gegner des Veränderungsprozesses. Denn instinktiv spüren viele, dass sie dieser Ansatz schwächt, der im ersten Schritt ihr Selbstwertgefühl angreift.

Dass die Defizit-Orientierung nicht nur Widerstände hervorruft, sondern auch eine Reihe weiterer nachteiliger Folgen hat, entdeckte schon in den Sechzigerjahren Ronald Lippitt. Lippitt, der als früher Pionier der Organisationsentwicklung mit dazu beigetragen hatte, dass das Bewusstsein für den Wert von Teamarbeit zunahm, ließ seine Doktoranden Tonbandaufnahmen von der Arbeit vieler Teams machen. Die Analyse der Ergebnisse förderte Bestürzendes zutage. Die meisten Teams begannen mit einer Auflistung der Probleme, die sie hatten. Danach wurde, manchmal mit, manchmal ohne Prioritätensetzung an diesen Schwierigkeiten gearbeitet. Auf den Tonbändern konnte man hören, wie sich bei der Bearbeitung dieser Probleme die Stimmen der Beteiligten zunehmend veränderten und an Kraft verloren. Gleichzeitig sank die Stimmung. Resignierte Bemerkungen wie »Daran lässt sich ja doch nichts ändern« ließen sich auf den Bändern zuhauf vernehmen. Der Mut der Beteiligten sank eher, als dass er zunahm. Das Selbstbild erodierte

Defizitorientiertes Vorgehen ruft Widerstand hervor

spürbar. Die Lösungen, die aus dieser Art Arbeit entstanden, schienen den Forschern nur kurzfristig wirksam zu sein. Es wurden vor allem Maßnahmen vorgeschlagen, die die Symptome reduzierten und Ängste minimierten. Mutige und langfristige Visionen entstanden dagegen kaum. Ronald Lippitt entwickelte als Antwort auf das, was er vorfand, die Methode *Futuring* – man könnte sie mit »Visionieren« übersetzen. Und genau darin besteht heute ein Kernelement des AI-Prozesses.

Wer defizitorientiert vorgeht und mit Problemen beginnt, wird allzu leicht eine Verteidigungshaltung bei den Betroffenen wachrufen. Die Schuld wird lieber beim anderen gesehen und der jeweils andere schiebt die Verantwortung ebenfalls jemandem anderen zu. Wir haben vor einiger Zeit eine Konferenz mit einer Planungsgruppe vorbereitet. Im Verlaufe der Planung fand auch eine konventionelle, sprich defizitorientierte, Diagnose der Organisation statt. An einem Punkt sagte ein Mitglied der Planungsgruppe etwas, das – obwohl sehr moderat und ausgewogen vorgetragen – von einem anderen Mitglied der Planungsgruppe als Vorwurf aufgefasst wurde. Die Erregung war so groß, dass dieses Teammitglied nach dem Workshop zum Auftraggeber ging und ihm sagte, dass es nichts von der Konferenz halte. Die Konferenz wurde daraufhin abgesagt.

Konventioneller Ansatz und AI-Ansatz

Konventioneller Ansatz: Probleme lösen	AI-Ansatz: Vorhandene Potenziale entfalten
Probleme identifizieren.	Das erkunden, verstehen und wertschätzen, *was an Gutem da ist.*
Ursachen analysieren.	Entwerfen, *was im besten Fall sein könnte.*
Mögliche Lösungen erarbeiten.	Gestalten und vereinbaren, *was sein soll.*
Maßnahmen planen.	Planen, *was zukünftig sein wird.*
Grundannahme: *Organisationen haben Mängel, die beseitigt werden müssen.*	Grundannahme: *Organisationen haben ungeahntes Potenzial, das manchmal schon aufblitzt.*

Appreciative Inquiry verzichtet konsequent auf jegliche Defizit-Orientierung. Das heißt aber nicht, dass das, was die Mitglieder oder Mitarbeiter einer Organisation oder eines Teams stört, gar nicht zur Sprache kommen darf. In der Tat besteht oft der große Wunsch, hier »Klartext« zu reden. Die Probleme müssen »auf den Tisch« und deutlich benannt werden, heißt es allzu gerne. Im Zuge eines AI-Prozesses darf auch all das gesagt werden, was stört. Nur soll es gleich als Wunsch formuliert werden. Was ist das, was man sich statt des Störenden wünscht? Nach diesen Wünschen wird bereits in der ersten Phase des AI-Prozesses, in den Interviews, gefragt. Zu jedem Thema wird zusammengetragen, was das Beste ist, das es bereits gibt, und was in der Zukunft noch getan werden sollte. Statt des Vorwurfs »Hier wird viel zu wenig Verantwortung delegiert!« erzählen Menschen dann beispielsweise davon, wie sie schon in jungen Jahren große Verantwortung für ein wichtiges Projekt bekamen und das als absolutes Gipfelerlebnis empfanden, das sie in ihrer Entwicklung einen großen Schritt weitergebracht hat. Sie schlagen vor, dass dies künftig in ihrer Organisation noch viel intensiver als bisher geschehen solle. Dadurch wird deutlich, dass neben dem empfundenen Mangel auch die Möglichkeiten und Ressourcen bestehen, um den Mangel zu beseitigen. Denn das Positive wurde ja bereits erlebt.

Störendes, Mängel und Negatives als Wünsche äußern

Es gibt sicher Fälle, in denen es wichtig ist, Probleme zu identifizieren und diese zu lösen. Immer wenn es um ein eher technisches System geht (und dazu kann ebenso ein Organisationsablauf zählen), ist es wichtig, dessen Schwächen zu analysieren und abzuschaffen. Dort, wo sich in einem Team Verletzungen, Groll und andere negative Gefühle im Verhältnis zueinander eingenistet haben, gehört es selbstverständlich zur Wertschätzung, diese Gefühle zu betrachten und anzuerkennen. Das kann auch bedeuten, dass sehr deutlich ausgesprochen wird, was als Mangel erlebt wurde. Dazu mehr im Kapitel 3, S. 53ff.

Aus unserer Sicht überschätzen wir oft die Notwendigkeit, an den Schwächen zu arbeiten. Selbst in der Strategieentwicklung, wo seit Jahrzehnten Stärken-Schwächen-Analysen zum Standardrepertoire der Berater gehören, ist es aus unserer Sicht nicht wirklich wichtig, seine Schwächen im Verhältnis zum Wettbewerb zu kennen. Viel bedeutender ist es, um die eigenen Stärken, die eigenen Besonderheiten und das eigene Potenzial zu wissen. Wenn man diese gut kennt, wird man auch ohne Kenntnis der Schwächen den richtigen Weg einschlagen.

Das Auseinandersetzen mit unseren Schwächen schwächt uns. Das Wissen über unsere Stärken stärkt uns. Wir lernen zwar aus Fehlern, doch wir lernen nur schwer aus Schwächen. In einem wissenschaftlichen Experiment wurden zwei Gruppen getestet, die Bowling spielen lernten. Beide wurden bei ihren ersten Versuchen auf Video aufgenommen. Der ersten Gruppe zeigte man die Ausschnitte aus den Videos, in denen die Schwächen hervortraten. Der zweiten Gruppe zeigte man die Ausschnitte, wo jeder etwas besonders gut gemacht hatte. Es ist leicht zu erraten, dass die zweite Gruppe schneller lernte als die erste. AI will in Teams und Organisationen das sichtbar machen, was bislang besonders gut gemacht wurde, und damit das Lernen beschleunigen.

Kapitel 2
Der Appreciative-Inquiry-Prozess

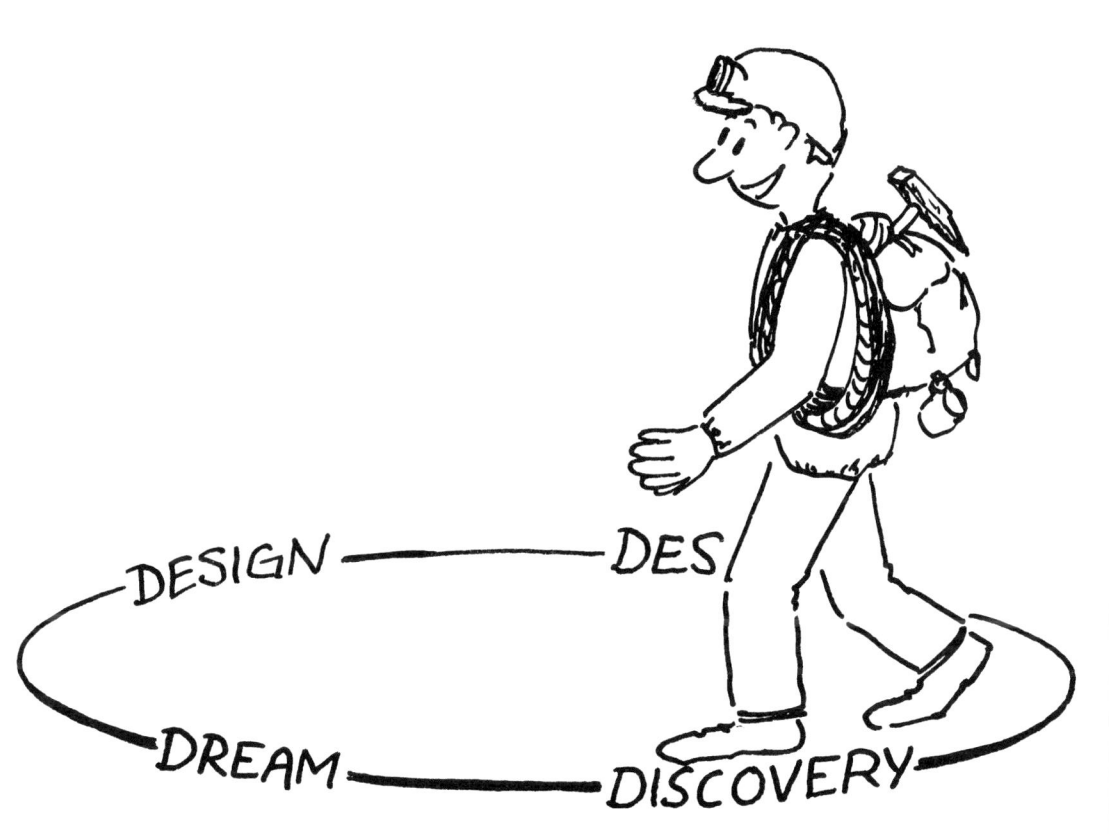

Die vier Phasen im Appreciative-Inquiry-Prozess

Innerhalb eines AI-Prozesses durchschreiten die Beteiligten die folgenden vier Phasen:

- ❖ Discovery (Erkunden und Verstehen),
- ❖ Dream (Visionieren),
- ❖ Design (Gestalten),
- ❖ Destiny (Umsetzen).

Da Appreciative Inquiry in einer Organisation nicht nur ein einziges Mal, sondern wiederholt durchgeführt werden kann, sind die Phasen wie in einem Zirkel aneinander gereiht, dem so genannten *Vier-D-Zirkel*.

Vier-D-Zirkel

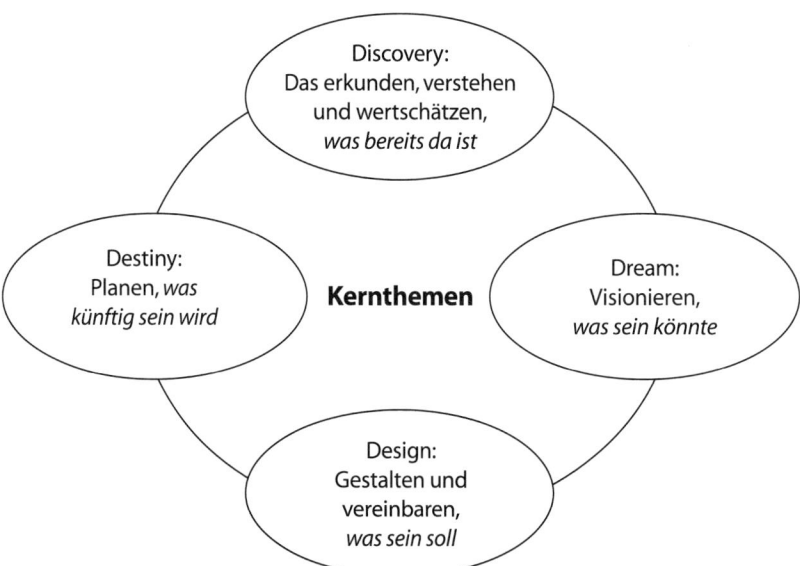

Discovery: Erkunden und Verstehen

Die **Discovery**-Phase dient dem Erkunden des Besten. Dazu zählen einerseits die Momente, in denen sich die Menschen in der Organisation großartig und lebendig fühlten, sich in die Gestaltung ihrer Arbeit einbringen konnten, engagiert waren oder erfolgreiche Augenblicke erlebten. Andererseits gehören dazu all die Ereignisse, in denen in der Organisation etwas richtig gut gemacht wurde. Die Momente der Freude und die Facetten der Brillanz sollen hier entdeckt werden. Mithilfe von Interviews, die in der Regel jeweils zwei Personen miteinander führen, werden diese »Juwelen« der Organisation identifiziert. Es wird freigelegt, *was bereits da ist*. Nach den Interviews werden die »Juwelen« im Kreis der Beteiligten vorgestellt. Die Rahmenbedingungen, die sie ermöglichten, werden herausgefiltert und deren Zusammenhänge verstehbar gemacht. Die Kräfte, die der Organisation Energie und Lebendigkeit geben (belebende Faktoren), werden so sichtbar. Das Beste, was es bislang in der Organisation gibt und das in der Zukunft ausgebaut werden soll, wird in dieser Phase identifiziert. Die Beteiligten verstehen in dieser Phase ihre gemeinsame Vergangenheit als eine Quelle, aus der positive Möglichkeiten für die Zukunft geschöpft werden, und nicht als eine statische, problematisierte, romantisierte, schöngeredete oder vergessene Kette von Ereignissen.

Das auskundschaften, was bereits vorhanden ist

Dream: Visionieren

In der **Dream**-Phase wird darauf aufbauend entworfen, *was sein könnte*. Wie soll sich die Organisation, eine Sparte, ein Bereich, eine Abteilung oder das Team entwickeln? Welche Wünsche haben die Beteiligten für die gemeinsame Zukunft? Diese Zukunft wird entworfen. Je nach Fall geschieht dies beispielsweise als Vision für eine ganze Organisation mit einem Zeithorizont von fünf bis 25 Jahren oder als neue Arbeitsweise eines Teams, die gleich morgen umgesetzt werden kann. Besonders wichtig ist an dieser Stelle auch, ein Bild davon zu entwickeln, was die Organisation für das größere Ganze – ihr Umfeld, ihre Kunden oder sogar die Welt – beitragen wird.

Das könnte sein

Die Zukunft, die in dieser Phase entworfen wird, ist sowohl bodennah als auch visionär. Denn sie gründet einerseits auf Beispielen aus der Vergangenheit und weist andererseits auf neue Wege. In gewisser Weise stellen die »Juwelen«, die in der Discovery-Phase entdeckt wurden, die »Farben« dar, aus denen das Bild der Zukunft gemalt wird. Das Bild ist dann jedoch mehr als nur eine Zusammensetzung von Farben.

Methodisch kann der Entwurf der Zukunft je nach Größe der Gruppe und der Aufgabe ganz unterschiedlich geschehen. Meistens werden kreative Darstellungsformen gewählt. Bilder werden gemalt, Modelle gebaut, Sketche vorgeführt oder Collagen gestaltet. Oder die Beteiligten stellen ihren Zukunftsentwurf in einem »Brief an den Freund« aus dem Jahre 200x dar. Geführte Traumreisen können die Phantasie anregen und unbewusste Vorstellungen und Wünsche deutlich machen. Durch den Einsatz kreativer Methoden wird die Zukunft greifbar und lebendig.

Design: Gestalten

Das soll sein In der nächsten Phase, der des **Designs**, werden die kreativen Zukunftsentwürfe in klare Aussagen gefasst. Es entstehen so genannte *Zukunftsaussagen*. Diese beschreiben in präzisen Worten, welche Zukunft gemeinsam geschaffen werden soll. Je nach Anwendungsfall kann es sich dabei um Leitlinien handeln, die aufzeigen, wie eine Abteilung künftig mit ihren Kunden umgehen oder wie ein Team miteinander arbeiten will. Oder es entsteht ein Set von Angaben, die zusammen die künftige Kultur, die Vision oder strategische Schwerpunktziele einer Organisation beschreiben. Raster, wie das 7S-Modell von McKinsey können ein »Geländer« bieten, das hilft, wesentliche unternehmerische Elemente, abzudecken. Zum 7S-Modell beispielsweise zählen die Faktoren Strategie (strategy), Struktur (structure), Systeme (systems), Personal (staff), Kultur (style), Fähigkeiten (skills) und übergeordnete Ziele und Werte (superordinate goals, shared values). Zu jedem der definierten Aspekte können nun Zukunftsaussagen formuliert werden.

Zukunftsaussagen sind anspruchsvoll formuliert Zukunftsaussagen sind wie eine Brücke zwischen dem Status quo und dem, was sein sollte. Sie beschreiben eine Idealvorstellung, stellen bisherige Annahmen und Muster infrage und regen die Kreativität an. An diesem Punkt des AI-Prozesses wird vereinbart, *was sein soll*. Der Anspruch an solche Aussagen ist hoch. Daher wird viel Zeit für ihre Formulierung verwendet.

Gute Zukunftsaussagen sind

- ❖ provokativ – herausfordernd und deutlich gehen sie über das bislang Verwirklichte hinaus,
- ❖ »geerdet« – nachvollziehbare Beispiele aus der Vergangenheit zeigen, dass es möglich ist,
- ❖ bejahend formuliert – sie beschreiben, was sein soll, und nicht, was nicht sein soll,
- ❖ ausdrucksstark – sie haben Anziehungskraft,
- ❖ konkret – sie beziehen sich auf eine bestimmte Thematik,
- ❖ motivierend – sie stellen eine attraktive Zukunft dar,
- ❖ in der Gegenwartsform geschrieben, da sie so greifbarer wirken.

Das nachfolgende Beispiel soll den Zusammenhang zwischen Zukunftsentwurf und Zukunftsaussage verdeutlichen.

In einer Konferenz haben Teilnehmergruppen die von ihnen gewünschte Zukunft als Sketche entworfen und sich gegenseitig vorgestellt. Ein Thema, das in mehreren Gruppen wiederkehrte, lässt sich wie folgt zusammenfassen: *Die Zusammenarbeit verschiedener Abteilungen verläuft reibungslos. Die Mitarbeiter kennen sich alle persönlich sowie auch ihr Arbeitsgebiet. Sie wissen, wie sie sich gegenseitig unterstützen können und wo sie sich ergänzen.* Unter anderem sind hier die Aspekte Kommunikation (Findet eine offene Kommunikation zwischen den Abteilungen statt?) und Kultur (Ist es üblich, sich zu unterstützen und persönlich zu kennen?) angesprochen. In Bezug auf den Aspekt der Kommunikation kann dieser Zukunftsentwurf zu folgender Zukunftsaussage führen: *»Wir wissen, dass unsere Abteilungen hervorragend zusammenarbeiten. Unsere Vereinbarungen halten wir immer ein und wir können uns voll aufeinander verlassen. Bei Schwierigkeiten in der Ausführung verstehen wir es, schnell gemeinsam Lösungen zu entwickeln. Notwendige Informationen gelangen unmittelbar zu den richtigen Personen.«*

Weitere Beispiele für Zukunftsaussagen

Zukunftsaussagen können verschieden lang und auf unterschiedliche Weise formuliert sein. Mal können sie aus einigen Sätzen bestehen, die zwar zu einem Thema entwickelt wurden, aber sonst nicht in direktem Zusammenhang stehen (Beispiel 1). Eine Zukunftsaussage kann aber auch über ein, zwei bzw. drei zusammenhängende Sätze gehen (Beispiel 2 und 3) oder sogar über mehrere in Verbindung stehende Absätze (Beispiel 4). Die Beispiele sollen darstellen, wie vielfältig Zukunftsaussagen gestaltet werden können.

Beispiel 1: Thema Kundenservice

❖ Die Kunden machen eine tolle Erfahrung, wenn sie mit uns Kontakt haben.
❖ Wir sehen die Anliegen unserer Kunden voraus und haben bereits alle notwendigen Informationen bereit, wenn sie sich bei uns melden.
❖ Unsere Kunden sprechen, wenn sie anrufen, nur mit einer Person und werden ohne Unterbrechung bedient.
❖ Wir reservieren ausreichend Zeit für Fortbildung, sodass unser Fachwissen immer auf dem neuesten Stand ist.
❖ Wir lernen ständig, während wir arbeiten.
❖ Unser Geschäft gewährleistet einen wichtigen Service für unsere Kunden.
❖ Wir sind stolz darauf, ein Teil dieser Organisation zu sein.

Beispiel 2: Thema Kommunikation / Kultur und Spaß

Wir fördern eine Kultur der offenen Kommunikation, von gegenseitigem Vertrauen und Respekt und der Anerkennung der Meinung anderer.

Beispiel 3: Thema Führung und Management

Unser Managementstil ist beteiligungsorientiert, offen und ergebnisorientiert. Es herrscht ein Klima der Innovation, Flexibilität, des individuellen Wachstums und des gegenseitigen Respekts.

Beispiel 4: Thema Kreativität

Unsere Firma lebt von Kreativität. Sie ist die Quelle für neue Ideen, das Herzblut unseres Unternehmens und Katalysator für positiven Wandel. Sie ist die Basis für unsere Spitzenposition bei Produkten und in Prozessen, die sowohl innovativ wie patentrechtlich geschützt sind. Unsere Firma steht mit kreativen Ideen, die von allen beteiligten Interessengruppen wie den Mitarbeitern, Kunden und Lieferanten kommen, an der Spitze der Branche. Wir fördern mit aller Kraft eine kreative Kultur, die hilft, Produkte und Dienstleistungen, Prozesse und Systeme neu zu erfinden und zu verbessern. Wir fragen alle Mitarbeiter aktiv nach ihren Ideen, setzen sie um und belohnen sie.

Wir gestalten ein Umfeld, das uns zu einzigartigen Ideen inspiriert, und stellen unseren Mitarbeitern Möglichkeiten und Resourcen zur Verfügung, damit sie ihre Kreativität entfalten und ihre Ideen umsetzen können. Entscheider hören aktiv allen Ideen zu, um unsere Kreativität zu vergrößern und um unsere Mitarbeiter zu befähigen, ihre Träume zu verwirklichen.

Destiny: Umsetzen

In der **Destiny**-Phase wird schließlich geplant, wie die formulierten Aussagen umgesetzt werden können. Wo genau lässt sich etwas bewegen und mit welchen Maßnahmen? Wer engagiert sich für welches Thema? Da, wo als Ergebnis des Prozesses eher Leitlinien als Ziele entstanden sind, wird erarbeitet, was diese ganz konkret für das Verhalten jedes Einzelnen bedeuten. Oft wird zusätzlich besprochen, wie die Kollegen, die nicht dabei waren, informiert werden. Vor allem wird diskutiert, wie der positive Ansatz, der im AI-Prozess erlebt wurde, im Alltag fortgesetzt werden kann. So werden Vereinbarungen darüber getroffen, wie man künftig Erfolge gebührend würdigen und sich gegenseitig stärken will. Hier wird geplant, *was zukünftig sein wird*.

Das wird zukünftig sein

Phasen und Ziele eines Appreciative-Inquiry-Prozesses	
Phasen	**Ziele**
Discovery: Erkunden und Verstehen	❖ Erkunden, Verstehen und Würdigen der »Juwelen«. ❖ Verbreiten positiver Geschichten. ❖ Identifikation der Schlüsselfaktoren, die der Organisation Lebendigkeit und Kraft bringen (belebende Faktoren). ❖ Verändern der Wahrnehmung weg von »Vieles misslingt« hin zu »Vieles gelingt bereits jetzt ganz gut«. ❖ Aufbau einer positiven und bejahenden Einstellung zu sich selbst, zum Arbeitsplatz und zu der Organisation. ❖ Stärken von Vertrauen und Mut für die Zukunft.
Dream: Visionieren	❖ Vertiefen der Wünsche und Ziele für sich selbst und die Organisation. ❖ Entwurf dessen, was sein könnte. ❖ Motivation und Inspiration. ❖ Lust auf die Zukunft.
Design: Gestalten	❖ Präzisieren der Visionen, Ziele und/oder Leitlinien für die Zukunft. ❖ Gegebenenfalls Prioritätensetzung dieser Ziele.
Destiny: Umsetzen	❖ Maßnahmen erarbeiten und vereinbaren. ❖ Konsequenzen für jeden Einzelnen ableiten. ❖ Kommunikation der Ergebnisse in der Organisation sichern. ❖ Fortsetzung des wertschätzenden Ansatzes von AI gewährleisten.

Das Interview:
die Basis von Appreciative Inquiry

Jeder interviewt jeden   Appreciative Inquiry beginnt mit einem Abenteuer, das *Discovery* (Erkunden und Verstehen) genannt wird. Die Entdeckungsreise führt in die Vergangenheit, Gegenwart und Zukunft der Organisation und ihrer Mitarbeiter. Reisegefährt ist ein Interview, das die Beteiligten in der Regel paarweise und in beide Richtungen durchführen. Je nach Aufgabenstellung und Zusammensetzung der Gruppe können dafür sehr unterschiedliche Partner zusammenkommen. Mal ist es ein Abteilungsleiter, der seinen Mitarbeiter befragt und danach umgekehrt. Mal interviewt ein Meister seinen Spartenleiter oder ein Auszubildender befragt ein Mitglied des Vorstandes.

Mit Hilfe eines vorbereiteten Interviewleitfadens startet die Entdeckung der Momente, die für die Beteiligten besonders waren, und der Schlüsselfaktoren, die der Organisation Vitalität und Stärke geben.

Das Interview besteht aus drei Fragenblöcken.

Die drei Fragenblöcke im Interview

- ❖ 1. Block: Fragen dazu, wie die Organisation generell erlebt wird.
- ❖ 2. Block: Fragen zu den so genannten Kernthemen, die in der Organisation weiterentwickelt werden sollen.
- ❖ 3. Block: Fragen zur Zukunft der Organisation.

Der mittlere Block, die Fragen zu den Kernthemen, stellt oft den größten Teil des Interviews dar. Wie man zu den Kernthemen und den dazugehörigen Fragen gelangt, wird im nächsten Abschnitt (Kapitel 2, S. 45ff.) ausführlich behandelt. Nachfolgend sehen Sie Fragen aus Block 1 und 3, die in den meisten Interviewleitfäden vorkommen.

Interviewleitfaden

Fragenblock 1: Wahrnehmung der Organisation

- ❖ Um zu beginnen, erzählen Sie mir bitte von Ihrer Anfangszeit in unserer Organisation. Wann kamen Sie zu uns? Was hat Sie zu uns hingezogen? Was waren Ihre ersten Eindrücke und was hat Sie am Anfang begeistert, als Sie zu uns kamen?
- ❖ Bitte erinnern Sie sich an einen Zeitraum, der für Sie ein echter Höhepunkt war. Eine Zeit, in der Sie besonders begeistert waren, sich wohl und lebendig fühlten, in der Sie sich vielleicht besonders gut einbringen und etwas in unserer Organisation bewirken konnten. Was ist da geschehen? Wer war dabei? Was ermöglichte dieses Erlebnis? Was können wir daraus lernen?
- ❖ Was schätzen Sie besonders an sich, an Ihrer Arbeit sowie an unserer Organisation?

Fragenblock 2: Kernthemen
(siehe S. 45ff.)

Fragenblock 3: Zukunft der Organisation

- ❖ Welches sind Ihrer Meinung nach die Schlüsselfaktoren, die unserer Organisation Vitalität und Kraft geben?
- ❖ Wenn Sie unsere Organisation, wie immer Sie wollten, weiterentwickeln oder radikal verändern könnten, welche drei Dinge würden Sie tun, um unsere Vitalität, Kraft und unseren Erfolg nachhaltig zu steigern?
- ❖ Es ist das Jahr 2010 und wir sind über unsere kühnsten Träume hinaus erfolgreich geworden. Wie hat sich unsere Organisation verändert?

Interviews verändern die Wahrnehmung zum Positiven

Ein solches Interview dauert, wenn sich beide Partner befragen, bis zu zwei Stunden. Jede Frage dient dazu, positive Wahrnehmungen von sich selbst und von der Organisation bewusst werden zu lassen. Jede Frage soll dazu beitragen, dass bei der befragten Person ein helleres Bild von der Vergangenheit und Gegenwart entsteht. Positive Gefühle sollen ausgelöst und verstärkt werden. Ferner soll jede Frage das Empfinden des eigenen Werts, der eigenen Kompetenz und der eigenen Möglichkeiten steigern.

Daher wird in dem Interview nach individuell erlebten Höhepunkten und Erfolgen sowie nach deren Bedingungen gefragt. Die Fragen regen dazu an, Wünsche, Ziele und Träume für die Zukunft zu äußern und sich ein Bild für die Zukunft der Organisation zu machen. Möglichkeiten für die Entwicklung werden aufgespürt und wertvolle Aspekte aus der Vergangenheit für die Zukunft nutzbar gemacht.

Mit Neugier fragen

Nicht wie ein analytischer Forscher, sondern mit der unbefangenen Neugier, Anteilnahme und dem Staunen eines Kindes stellen die Interviewer ihre Fragen. Die Aussagen des anderen werden wie ein Geschenk betrachtet. Sie werden ernst genommen. Der andere wird so behandelt, als habe er ein Geheimnis zu enthüllen. Diese Hinweise sollen das »methodische« Herangehen an die Interviews erleichtern. Im Idealfall läuft es ab wie das Gespräch eines zehnjährigen Jungen mit seinem Großvater, der in der nächsten Woche sterben wird. Der Junge will nochmals die besten Geschichten aus dem Leben des Großvaters hören. Dieser wiederum will mitteilen, was er daraus gelernt hat.

Der Interviewer ist also beteiligter Zuhörer. Er soll vor allem dem Befragten viel Raum geben, umfangreich erzählen zu können. Er darf aber auch mitteilen, was das Erzählte in ihm auslöst. Um mehr über die Geschichten und das, was daraus zu lernen ist, zu erfahren, kann der Interviewer ergänzende Fragen stellen: *Warum empfinden Sie das so? Was war Ihr eigener Beitrag? Wer hat sonst beigetragen? Warum war dieses Erlebnis für Sie so wichtig? Wie hat es Sie selbst verändert? Welche Rahmenbedingungen haben zu diesem Gipfelerlebnis geführt?* So bleibt es nicht bei dürren Antworten. Vielmehr entstehen lebendige Bilder und anschauliche Geschichten.

Belebend, frisch, wertschätzend

Die Interviews sind in der Regel ein inspirierendes Erlebnis für beide Partner. Vergessene oder verschüttete Erlebnisse, geknüpft an bestärkende und lebendige Gefühle werden wieder freigelegt. Das Interview wirkt belebend. Die beteiligten Menschen kommen einander nicht nur näher, sie berühren sich zuweilen gegenseitig sehr tief. Es ist nicht übertrieben zu behaupten, dass zwei Menschen, die zwei Stunden in einem beidseitigen AI-Interview verbracht haben, für immer einen Teil des jeweils anderen in sich aufgenommen haben.

Doch nicht nur der Fragende, auch der Befragte wird durch seine Antworten berührt. Die befragte Person erlebt ihre positiven Erlebnisse ein zweites Mal. Der Zauber des Moments wird wieder lebendig und wirkt nachhaltig. Wo vorher das Negative stark wahrgenommen wurde, wird jetzt wieder sichtbar, dass es viel Positives gibt. Negative Annahmen, wie »*die Zusammenarbeit mit meinen Kollegen kann nie gut werden*« werden revidiert, wenn beispielsweise eine Geschichte darüber erzählt wird, wie diese Zusammenarbeit einmal sehr gut funktioniert hat. So entstehen Lust, Hoffnung und Mut in Bezug auf die Zukunft.

Die Kraft der Interviews entsteht vor allem durch den bejahenden und bestätigenden Charakter der Fragen. Es wird danach gefragt, welche persönlichen Erfolge der Befragte erreicht hat, wo er Anerkennung erfuhr, wo er sich engagierte, sich mutig oder produktiv empfand. Manchmal dauert es einige Zeit, bis die befragte Person sich gelungener Situationen erinnert. Das ist besonders dann der Fall, wenn die Arbeitssituation negativ eingeschätzt wird. Hier hilft die erkundende und wertschätzende Haltung des Fragenden, die Gipfelerlebnisse schließlich doch aufzuspüren.

Bejahender und bestätigender Charakter der Fragen

Eine Grundannahme von Appreciative Inquiry besagt, dass wir immer das verstärken, worauf wir uns konzentrieren. Daher bewirken die Interviewfragen, die die Aufmerksamkeit auf das Positive lenken, bereits eine positive Veränderung in die Richtung. Jede Frage impliziert, was in diesem Prozess gefunden, welche Potenziale entdeckt und darüber hinaus entwickelt werden sollen. Eine Reflexion der eigenen Person, der Situation und der Organisation wird in Gang gebracht. Die Wahrnehmung verändert sich unmittelbar. Erfolge und deren Bedingungen werden in Zusammenhänge gebracht und verstanden. Der Gewinn des Interviews besteht unter anderem darin, dass der Interviewte neue Erkenntnisse darüber erlangt, was seine Erfolgserlebnisse ausmachte.

„Wir verstärken das, worauf wir unsere Aufmerksamkeit richten."

Jeder kann wert-
schätzende Fragen
stellen

Müssen wir die Interviewer trainieren, damit sie die Befähigung zu einem AI-Interview haben? Nein, ist die schlichte Anwort. Die Erfahrung hat gezeigt, dass die Interviewer kein Training benötigen, um ihren Partnern wertschätzende Fragen zu stellen. Sie brauchen es so wenig wie der zehnjährige Junge, der das vielleicht letzte lange Gespräch mit seinem Großvater führt. Unbefangene Neugier, echtes Interesse, Anteilnahme und Staunen liegen in unserem Wesen. Sie sind Haltungen, die wir leicht einnehmen können, wenn wir es wollen.

Tipps für die Interviewer

Fragen, die Sie stellen können, um mehr Informationen zu bekommen:

❖ Erzählen Sie mir bitte mehr!
❖ Warum empfinden Sie das so?
❖ Warum war das so wichtig für Sie?
❖ Wie wirkte das auf Sie?
❖ Wie haben Sie sich dabei gefühlt?
❖ Was war Ihr Beitrag in dieser Sache?
❖ Was haben andere dazu beigetragen, dass Sie so handeln konnten?
❖ Was, glauben Sie, hat tatsächlich bewirkt, dass es so gut lief?
❖ Wie hat es Sie selbst verändert?
❖ Was können wir aus diesem Erlebnis lernen?

Tipps für die eigene Einstellung:

❖ Lassen Sie Ihren Partner seine Geschichte erzählen. Bitte erzählen Sie ihm nicht gleichzeitig Ihre Geschichte.
❖ Bitte bewerten Sie nicht die Aussagen Ihres Interviewpartners.
❖ Machen Sie sich genaue Notizen und achten Sie auf gute Geschichten und Zitate. Schreiben Sie deutlich, kurz und klar.
❖ Seien Sie wirklich neugierig auf die Erfahrungen des anderen, auf seine Gedanken und Gefühle.
❖ Manche Menschen brauchen länger, um über ihre Antwort nachzudenken. Lassen Sie Ihnen einfach Zeit.
❖ Möchte oder kann Ihr Gesprächspartner auf eine der Fragen nicht antworten, dann ist das in Ordnung.

Auswertung der
Interviews

So wenig, wie die Interviews auf streng »wissenschaftliche« Weise geführt werden, so wenig werden sie streng systematisch ausgewertet. Doch immer ist es wichtig, die besten Geschichten und Zitate, die zwischen den beiden Interviewpartnern ausgetauscht wurden, der ganzen Gruppe oder dem ganzen Kreis der Beteiligten sichtbar zu machen. Meistens werden einige der besten

Geschichten nach der Paararbeit in Kleingruppen und/oder im Plenum erzählt. Oft wird in Kleingruppen nach den verbindenden Mustern und Werten gesucht, die sich aus den Antworten ergeben, und werden selbige dann dem Plenum zur Kenntnis gebracht. Dort, wo, wie in Kapitel 3 (s. S. 53ff.) beschrieben, AI großflächig eingesetzt und Hunderte von Interviews durchgeführt werden, werden die besten Geschichten und Zitate in einem Bericht zusammengefasst.

Meine beste Geschichte

Unser Kraftwerk feierte 1993 sein dreißigjähriges Bestehen mit einem Tag der offenen Tür. Als damaliger Leiter der Öffentlichkeitsarbeit wurde ich Projektleiter für diese Veranstaltung. Von der Geschäftsleitung wurde zu Beginn nur der Kostenrahmen für ein erweitertes Besucheraufkommen von etwa 10.000 Menschen vorgegeben.

Aus den Abteilungen Produktion und Instandhaltung wurde ein dreiköpfiges Team gebildet, das Ausgestaltung und Ablauf der Veranstaltung plante. Hierzu wurde zuerst ein grobes Programmschema erstellt und dann die erforderliche Anzahl von Mitarbeitern des Kraftwerkes ermittelt, die auf freiwilliger Basis mitarbeiten sollten. Nach der grundsätzlichen Genehmigung dieser Punkte, erarbeitete das Team zum größten Teil selbstständig alle Einzelheiten, die berücksichtigt werden mussten. So sollten neben dem eigentlichen Rundgang durch das Kraftwerk auch Zelte zur Verköstigung, für die Festreden und Einrichtungen zur Kinderbelustigung bereitgestellt werden. Ferner musste in den Medien für die Veranstaltung geworben werden. Ich könnte noch viel aufzählen.

Um es jedoch kurz zu machen, hier das Fazit: Während der Vorbereitungsphase konnte das Team in hohem Maß selbstständig arbeiten, ohne dass häufige Abstimmungen oder Genehmigungen durch die Geschäftsleitung eingefordert worden wären. Dies entwickelte bei den Teammitgliedern und auch den weiteren Mitarbeitern, die sich aus allen Kraftwerksabteilungen rekrutierten, eine sich stetig verbessernde Motivation. Jeder erledigte die Aufgaben, für die er sich gemeldet hatte und die sein Spezialgebiet waren. Jeder tat das, was er gut konnte. Die jeweiligen Vorgesetzten unterließen es, ständig Vorgaben zu machen oder nachzufragen. Sie wurden natürlich über den Fortschritt kontinuierlich informiert. Das sonst übliche Dilemma, dass Führungskräfte führen wollen und Mitarbeiter selbstständig entscheiden möchten, wurde durch die Zurückhaltung der Führungskräfte vermieden. Die sonst häufig anzutreffende Bürokratie hatte in diesem Projekt keinen Platz.

Die Veranstaltung wurde mit 13.000 Besuchern ein großer Erfolg. Es gab nur positive Stimmen. Zwischenfälle jeder Art, wie Unfälle oder sonstiges, wurden mit Glück, aber auch durch die gute Planung vermieden. Der Kostenrahmen wurde ebenfalls eingehalten.

Als Ergebnis der Auswertung wird deutlich, dass das Team mehr Potenzial hat, als es eigentlich dachte. Zugleich wurden die Rahmenbedingungen identifiziert, die dazu führen, dass Höhepunkte erlebt werden – und die man daher künftig verstärken sollte. Es sind bei allen Beteiligten viele neue Bilder dazu entstanden, wie ihr Team oder ihre Organisation einmal werden könnte. Ihre Vision von der gemeinsamen Zukunft wurde bereichert. Zugleich haben sie oft sehr konkrete Anregungen bekommen, die sie persönlich umsetzen können. Es wird also viel gelernt, wenn die Ergebnisse der Interviews zusammengetragen werden.

Ein positiver Nebeneffekt der Interviews besteht darin, dass hinterher von den Beteiligten etwas andere Geschichten erzählt werden als vorher. Wo vorher vielleicht überwiegend negative Geschichten im Umlauf waren, werden jetzt zudem positive Begebenheiten erzählt. Vielen ist durch das AI-Interview klar geworden, wie sehr sie das Negative betonen, und sie bemühen sich daher, auch die positive Seite zu sehen.

Die Kernthemen

Die Kernthemen – Mittelpunkt des Prozesses

Jeder AI-Prozess wird auf ein oder mehrere so genannte *Kernthemen* fokussiert. Diese Kernthemen geben die Richtung der Veränderung vor. Die Richtung, in die die Organisation und die Mitarbeiter sich entwickeln, lernen und wachsen wollen. Sie bezeichnen das, wovon mehr entstehen soll. Sie zu bestimmen ist hochrelevant. Denn Organisationen entwickeln sich – so eine Annahme von AI – immer in die Richtung, die sie untersuchen. Wenn sie Defizite analysieren, besteht die Gefahr, dass sie sich noch mehr in die Richtung dieser Defizite entwickeln. Wenn sie positive Fähigkeiten durchleuchten, haben sie die Chance, diese zu verstärken.

Wovon wollen wir mehr haben?

British Airways beispielsweise wählte »Exceptional Arrival Experience« als eines von einer Hand voll Kernthemen eines AI-Prozesses, an dem zahlreiche Mitarbeiter an vielen Flughäfen weltweit beteiligt waren. Denn genau davon sollte mehr entstehen. Eine größere Anzahl von Passagieren als bisher sollten ihre Ankunft am Zielort als angenehm, im Idealfall sogar als außergewöhnlich empfinden. Im Rahmen des AI-Prozesses wurde untersucht, was bereits in diese Richtung getan wird und welche Verbesserungen die Beteiligten sich noch vorstellen können.

Jede Richtung, in die eine Organisation sich entwickeln, lernen und wachsen will, kann als Kernthema gewählt werden. Beispielsweise:

❖ Innovation,
❖ Flexibilität gegenüber Kunden,
❖ begeisternde Führung,
❖ Qualität,
❖ Verantwortung und Entscheidungskompetenz auf allen Ebenen,
❖ optimales Zusammenwirken von Projektleitern und Linie.

Diese Liste ließe sich nahezu beliebig verlängern.

Wichtig ist, dass die Kernthemen folgende Anforderungen erfüllen:

❖ **Sie sollen positiv und bestärkend formuliert sein.**

Statt »Qualitätsprobleme« wählt man als Kernthema »Qualität« oder gar »makellose Qualität«. Statt »Kundenbeschwerden« »untersucht man das Thema »Kundenzufriedenheit« und statt »schlechter Stimmung« wird »begeisternder Spirit« gewählt.

❖ **Sie sollen einen hohen Anspruch zum Ausdruck bringen, also so formuliert sein, dass der gewünschte Idealfall deutlich wird.**

Daher würde man als Kernthema vielleicht nicht nur »positive Arbeitsumgebung«, sondern sogar »ausgezeichnete Arbeitsumgebung« formulieren. »Blitzschnelle Produkteinführung«, »Anerkennung, die uns aufblühen lässt« oder »Führung, die das Beste in uns hervorbringt« können ebenfalls Kernthemen sein, die einen hohen Anspruch in sich tragen.

Solche Kernthemen inspirieren die befragte Person eher dazu, Geschichten über außergewöhnliche Momente zu erzählen und Bilder sowie Ideen zu einer positiven Zukunft zu kreieren, als wenn das Kernthema nüchtern nur »Führung« lautet.

❖ **Sie können ein provozierendes Paradox enthalten.**

»Befreiende Strukturen« ist ein solches Paradox. Denn Strukturen sind immer auch einengend. Man braucht sie. Man will sie auch weiter behalten. Doch sie sollen in Zukunft freier sein als bisher. Oder: Ein Unternehmen, das sehr konsensorientiert arbeitet und dadurch in seinen Entscheidungen langsam ist, wählte als Kernthema »blitzschnelle Konsensfindung«. Die Konsensorientierung wollte man behalten, aber zugleich viel schneller werden.

Kleinere AI-Prozesse sind oft nur auf ein oder zwei Kernthemen fokussiert. Eine Abteilung in einem Unternehmen, die viel mit Kunden zu tun hat, könnte »herausragende Kundenzufriedenheit« als einzigen Schwerpunkt wählen. In großflächigen AI-Prozessen lassen sich aber auch gut mehrere Kernthemen untersuchen. Fünf Kernthemen sollten jedoch nicht überschritten werden. Denn bis zu dieser Anzahl können die Betroffenen die anfallende Flut neuer Erkenntnisse und Geschichten noch gut verarbeiten und andere darüber informieren. Ferner kann diese Datenmenge für den weiteren Prozess aufbereitet werden. Stehen mehr als fünf Themen an, sollte ein weiterer AI-Prozess eingeleitet werden.

Maximal fünf Kernthemen

Kernthemen finden: Start eines Appreciative-Inquiry-Prozesses

Wie werden die Kernthemen eines AI-Prozesses gefunden? Sie können beispielsweise vom Management vorgegeben werden. Oder es werden vielleicht sogar – das ist das andere machbare Extrem – alle Mitarbeiter am Entscheidungsprozess beteiligt. Oder eine Planungsgruppe entwickelt in einem Workshop die Kernthemen sowie die dazugehörigen Fragen.

Insbesondere dort, wo der AI-Prozess größer angelegt ist, kommt typischerweise im Vorfeld eine solche Planungsgruppe für ein bis zwei Tage zusammen. Diese Gruppe setzt sich aus einem Querschnitt des später betroffenen Personenkreises zusammen. Meist sind es 15 bis 25 Teilnehmer. Für ein gutes Gelingen des AI-Prozesses ist es wichtig, dass diese Personen den AI-Ansatz und die dahinter stehende Philosophie verstehen. Denn sie sollen als

Multiplikatoren die Idee in die Organisation tragen. Deshalb wird zu Beginn des Treffens eine Einführung in die Methode gegeben.

Anschließend führen die Mitglieder der Planungsgruppe paarweise das Basisinterview durch. Es ähnelt stark dem im Kapitel 2 (S. 38ff.) beschriebenen Interview. Jedoch beinhaltet es keine Fragen zu den Kernthemen. Die sollen ja erst entwickelt werden.

Diese Befragung verfolgt zwei Ziele: Erstens sollen die so genannten *belebenden Faktoren*, die der Organisation Vitalität und Kraft geben, sichtbar gemacht werden. Zweitens sollen die wichtigsten Wünsche an die Zukunft der Organisation deutlich werden. Aus diesen beiden Ergebnissen – aus dem, was schon da ist, und dem, was erst noch werden soll – werden die Kernthemen ausgewählt, die durch den AI-Prozess vorangetrieben werden sollen.

Basisinteriew

- ❖ Beschreiben Sie einen Höhepunkt, den Sie in diesem Unternehmen erlebten. Eine Zeit, in der Sie sich lebendig und engagiert fühlten.
- ❖ Ohne bescheiden zu sein, was schätzen Sie besonders an sich selbst (als Vater, Kollegin, Vorgesetzter, Partnerin usw.), an Ihrer Arbeit und an dem Unternehmen, in dem Sie arbeiten?
- ❖ Wenn Sie jetzt an Ihre Organisation denken, was glauben Sie, sind die Kernfaktoren, die diese Organisation so lebendig machen, ohne die sie nicht dieselbe wäre?
- ❖ Welche drei Wünsche hätten Sie, um in Ihrer Organisation noch mehr Lebendigkeit und Erfolg zu erreichen?

(Die ausführliche Version des Basisinterviews finden Sie im Anhang, S. 92ff.)

Das Interview wird, wie im späteren AI-Prozess auch, zu zweit in beide Richtungen geführt. Danach kommen typischerweise drei Paare gemeinsam an einem Tisch oder in einem Stuhlkreis zusammen. Sie informieren sich gegenseitig über die wesentlichen Inhalte der jeweiligen Paarinterviews. Im nächsten Schritt werden die grundlegenden Muster der Erzählungen und deren Gemeinsamkeiten herausgearbeitet und in der ganzen Planungsgruppe gesammelt. In weiteren Schritten wird an den Tischen und später in der ganzen Gruppe erarbeitet, welche Faktoren der Organisation Vitalität und Kraft geben und welche Wünsche die Teilnehmenden für die Organisation haben. Die wichtigsten Wünsche für die Zukunft und die stärksten *belebenden Fakto-*

ren werden in einer Rangliste aufgestellt. Daraus bestimmen die Anwesenden die wichtigsten Themen.

Im nächsten Schritt werden zu diesen Kernthemen Fragen für den Interviewleitfaden des AI-Prozesses formuliert. Dieser ist umfangreicher als das Basisinterview. Für diesen Schritt sucht sich jeder Tisch ein Kernthema aus und erarbeitet Fragen. Zu jedem Kernthema entsteht so ein Fragenblock, der aus drei Teilen besteht.

❖ **Vorwort:** Das Vorwort erklärt das Kernthema in positiver, bestärkender Form. Es stimmt die befragte Person auf die kommenden Fragen ein.

❖ **Frage nach dem bereits vorhandenen Besten:** Diese Frage lockt Geschichten über außergewöhnliche Begebenheiten oder Facetten der Organisation hervor.

❖ **Frage nach dem, was im besten Fall sein könnte:** Diese Frage fördert Bilder und Ideen zu einer positiven Zukunft zutage und ist zugleich Ventil für Kritik, die hier als Wunsch formuliert werden kann.

Diese Fragen, die schließlich Bestandteil des Interviewleitfadens sein werden, haben einen besonderen Charakter:

❖ Gute Fragen sind bestätigend (affirmativ) formuliert. Das heißt, sie gehen davon aus, dass es bereits viele positive Erfahrungen als Anwort zu den Fragen gibt.

❖ Sie helfen den Befragten, sich an Erlebtes und Beobachtetes zu erinnern und Geschichten darüber zu erzählen.

❖ Gute Fragen unterstützen den Befragten, das Positive in ihren Erfahrungen und eigene Stärken zu erkennen.

❖ Sie machen Wünsche, Werte und Hoffnungen für einen selbst, die Organisation und das Umfeld bewusst.

❖ Sie sind manchmal absichtlich unscharf formuliert, so lassen sie den Befragten Freiheit bei der Beantwortung.

❖ Sie vermitteln eine »bedingungslos« positive Einstellung.

❖ Gute Fragen enthalten Worte, die positive Gefühle und Erfahrungen wachrufen.

Wirklich gute Fragen zu entwickeln braucht Sorgfalt und Zeit. Sie mit einer Planungsgruppe zu formulieren sichert zwei Dinge:

❖ Die Fragen treffen das Kernthema.
❖ Die Fragen sind in der Sprache der später zu interviewenden Personen geschrieben.

Dennoch wird der Berater diese Fragen immer überarbeiten müssen. Denn die Fragen der Planungsgruppe sind oft zu lang oder passen untereinander stilistisch nicht zusammen. Ist diese redaktionelle Arbeit geleistet, testet die Planungsgruppe die Fragen oft in einem zweiten Durchgang an sich selbst.

Wenn schließlich die Fragen zu den Kernthemen endgültig formuliert sind, werden sie typischerweise als Fragenblock 2 in den Standardfragebogen eingefügt (siehe Kapitel 2, S. 39).

Interviewfragen zum Thema inspirierende Zusammenarbeit

Ein kooperativer Geist ist sehr wichtig für unsere Organisation. Herausragende Entwicklungen brauchen die Unterstützung und den guten Willen aller, sei es innerhalb einer Gruppe oder Abteilung, sei es über Hierarchiegrenzen hinweg. Zusammenarbeit braucht Vertrauen, eine offene Kommunikation, Aufgeschlossenheit gegenüber den Belangen der anderen Gruppen und gegenüber den Kompetenzen anderer.

❖ Erinnern Sie sich bitte an eine Situation in unserer Organisation, in der Sie eine herausragende Kooperation zwischen verschiedenen Menschen oder Gruppen erlebten.
  – Bitte beschreiben Sie diese Situation.
  – Was hat diese Zusammenarbeit möglich gemacht?
    (Beispiele: eine besondere Methode, Fähigkeiten der Personen, Räumlichkeiten, persönliche Stimmungen)
❖ Stellen Sie sich vor, es ist möglich, mit anderen Personen genau so zu arbeiten, wie Sie es sich wünschen. Bitte beschreiben Sie diese Art der Zusammenarbeit.

Inhalt eines Planungsworkshops

Im Planungsworkshop werden mit der Planungsgruppe die Kernthemen identifiziert und die Interviewfragen formuliert.

Arbeitsform	Inhalt
Plenum 1	Einführung in Appreciative Inquiry
Paarweise	Durchführung der Basisinterviews
Gruppenarbeit 1	Interviewpartner vorstellen und beste Geschichten und Zitate dieser Person den anderen mitteilen, Muster und Gemeinsamkeiten erarbeiten
Plenum 2	Zusammentragen und Erstellen der Rangliste der *belebenden Faktoren*
Gruppenarbeit 2	Visionieren: die Organisation in x Jahren
Plenum 3	Zusammentragen und Priorisieren der wichtigsten Wünsche für die Zukunft
Gruppenarbeit 3	Mögliche Kernthemen ausarbeiten
Plenum 4	Kernthemen zusammentragen, bis zu fünf auswählen
Gruppenarbeit 4	Interviewfragen formulieren
Plenum 5	Interviewfragen vortragen, Kommentare aufnehmen
Plenum 6	Weiteres Vorgehen besprechen

Kapitel 3
Anwendung von Appreciative Inquiry

Appreciative Inquiry richtig einsetzen

Appreciative Inquiry –
auch im
Non-Profit-Sektor
einsetzbar

Appreciative Inquiry kann angewendet werden, um ein Team, einen Bereich, eine ganze Organisation oder ein anderes »ganzes System« (zum Beispiel einen Stadtteil) weiterzuentwickeln. Beispiele aus Unternehmen wurden bereits im ersten Kapitel (s. S. 18ff.) aufgezeigt. Doch auch im Non-Profit-Bereich gibt es für AI viele Anwendungsmöglichkeiten (beispielsweise in Vereinen, Schulen, der öffentlichen Verwaltung, in Kommunen, Universitäten oder in der Regionalentwicklung).

In der Nürnberger Südstadt, einem der größten sozialen Brennpunkte in der Region, identifizierten 200 Bürger im Rahmen ihres Entwicklungsprozesses die »Juwelen« der Südstadt. Im Zuge des sehr bekannt gewordenen »Imagine Chicago«-Projekts führten zahlreiche Kinder AI-Interviews mit Erwachsenen durch, die in der Stadt Schlüsselpositionen innehatten.

Der Einsatz von AI ist dort angemessen, wo Fähigkeiten, Verhaltensweisen, Einstellungen oder Leistungen eines ganzen Systems weiterentwickelt werden sollen oder wo es darum geht, die Zukunft dieses Systems zu entwerfen und neu zu gestalten. In beiden Fällen ist es wichtig, dass ein positives Selbstbild entsteht. AI ist jedoch nicht geeignet, um in einer Organisation einen einzelnen, eher technischen Aspekt zu verbessern, zum Beispiel einen Fertigungsablauf oder ein EDV-System effektiver zu gestalten.

Einsatzmöglichkeiten von Appreciative Inquiry

❖ Fähigkeiten, Verhaltensweisen, Einstellungen oder Leistungen weiterentwickeln.
❖ Die Zukunft eines Systems neu entwerfen oder neu gestalten.

An einem AI-Prozess können sehr wenige, aber auch mehrere tausend Personen beteiligt werden. AI kann in einem Workshop mit zwölf Teilnehmern oder in einem so genannten AI-Summit mit 500 oder noch mehr Beteiligten (vgl. Kapitel 3, S. 66) stattfinden. Die Interviews können im Vorfeld durchgeführt werden oder direkt im AI-Summit. Finden die Interviews vorher statt, dann lässt sich eine sehr große Personenzahl mit einbeziehen. Der Prozess kann in zwei Workshoptage oder drei Konferenztage komprimiert werden oder einen längeren Zeitraum umfassen.

Bis zu mehrere tausend Personen

Voraussetzungen für den Einsatz von Appreciative Inquiry

Sicher fragen Sie sich: Welche Voraussetzungen müssen gegeben sein, um AI einzusetzen? Im Folgenden haben wir einige Punkte zusammengestellt, die vor dem Einsatz dieser Methode geprüft werden sollten.

»Ehrlicher« Beteiligungsprozess

AI ist immer ein partizipativer Prozess und als solcher sollte er ehrlich gemeint sein. Derjenige, der hierarchisch an der Spitze des jeweiligen Systems steht, sollte offen für das sein, was in diesem Prozess entsteht. Er muss sich nicht von vornherein bereit erklären, jede einzelne daraus entstehende Maßnahme mit Ressourcen zu unterstützen. Doch er sollte sich darüber im Klaren sein, dass aus diesem Prozess gute neue Initiativen entstehen und dass diese für die Umsetzung auch Ressourcen benötigen. Es wäre fatal, wenn die Führungsspitze über die erzeugte Energie erschrickt und hinterher alles abblockt.

Partizipation braucht Offenheit

Zu einem »ehrlichen« Beteiligungsprozess gehört es, dass da, wo nicht nur ein Team, sondern ein größeres System betroffen ist, ein Querschnitt dieses Systems beteiligt wird. In vielen Fällen hat es sich als sinnvoll erwiesen, externe Interessengruppen in den Prozess einzubeziehen. Wenn man ein Krankenhaus als Beispiel nimmt, dann können das Vertreter von Patientenselbsthilfegruppen, der einweisenden Ärzte oder kooperierender Institutionen (Pflegeheime, Dialysezentren) sein. In einer Schule ist es sinnvoll, dass neben den Lehrern auch Eltern, Schüler, Ehemalige und Vertreter weiterführender Schulen mit von der Partie sind. Denn solche externen Gruppen können interessante Sichtweisen einbringen und bei der Umsetzung der Maßnahmen zusätzliche Türen öffnen helfen.

Querschnitt beteiligen

Klare Vorstellung von der angestrebten Veränderung

Wovon wollen wir mehr haben?

Es sollte klar sein, welche Art von Veränderung durch den AI-Prozess erreicht werden soll. Wovon will die Organisation mehr haben? Was wird die Organisation tun? Wie wird sie handeln, wenn der Prozess erfolgreich abgeschlossen wird? Gibt es ein echtes Verbesserungspotenzial, das gegebenenfalls auch als Leidensdruck (Achtung Defizitsprache!) empfunden wird?

Eine Planungsgruppe erarbeitet das Kernthema oder die Kernthemen des AI-Prozesses. In manchen Fällen gibt der Autraggeber die Schwerpunkte vor. Bevor jedoch die AI-Interviews beginnen, sollte die zentrale Zielrichtung klar formuliert sein.

Genügend Zeit einplanen

Ein AI-Prozess braucht Zeit für die Vorbereitung der Interviewleitfäden sowie die Durchführung der Interviews, Workshops und gegebenenfalls Konferenzen. Interviewer und Befragte benötigen Zeit für die Interviews. Die Interviews müssen, wenn sie nicht im Rahmen einer Veranstaltung durchgeführt werden, während der Arbeitszeit stattfinden dürfen. Ein Team braucht Zeit, um die Interviews auszuwerten, und so weiter. Dort, wo Workshops oder AI-Summits stattfinden, dürfen die Interviews nicht in einen Zeitrahmen gepresst werden, der die gewünschten Ergebnisse nicht zustande kommen lässt.

In Situationen, in denen es darauf ankommt, schnell Lösungen und Maßnahmen zu entwickeln, in denen also eine schnelle Reaktion erforderlich ist, ist AI daher nicht angebracht.

AI ist keine Konfliktbewältigungsmethode

Wenn zwischen zwei Parteien (zum Beispiel zwei Abteilungen oder Management und Betriebsrat) ein Konflikt entbrannt ist, dann ist AI nicht die Methode der Wahl. Hier bedarf es einer Vermittlung, die beiden Seiten hilft, auch die Perspektive der jeweils anderen zu sehen und eine Lösung zu finden, die die Interessen aller Beteiligten berücksichtigt.

Doch abgesehen von solchen eindeutig lokalisierbaren Konflikten, wo es bei aller Emotionalität auch um eine Sache geht, gibt es auch diffuse Konfliktsituationen. Möglicherweise haben sich zwischen den verschiedenen Abteilungen einer Organisation eine Vielzahl von Vorurteilen, Stereotypen und verzerrten Wahrnehmungen festgesetzt. Den jeweils anderen wird viel Negatives unterstellt, Misstrauen ist allenthalben zu spüren. In solchen Situationen kann ein AI-Prozess durchaus zu völlig neuen Wahrnehmungen und damit der Auflösung der diffusen Konfliktsituation führen. Denn in einem solchen Prozess, in dem den Beteiligten durch viele Geschichten das Beste in sich und in den anderen bewusst wird, sind falsche Vorurteile, Stereotypen und Annahmen oft einfach nicht mehr haltbar. Insbesondere, wenn die beteiligten Gruppen an einer gemeinsamen Aufgabe (zum Beispiel am Erfolg der gemeinsamen Organisation) arbeiten, sehen sie sich hinterher meist völlig neu und ersetzen ihr Misstrauen durch Vertrauen.

Beteiligung der Führung

In hierarchischen Systemen, sei es in einem Team oder einer ganzen Organisation, darf der AI-Prozess nicht ohne die entscheidungsbefugte Führungsspitze stattfinden. Es ist wichtig, dass sie den Prozess ebenso durchlaufen wie die Mitarbeiter. Die Mitglieder der Führungscrew dürfen nicht hinterher nur das Ergebnis entgegennehmen. Die Erfahrung hat gezeigt: Wenn das Management nicht beteiligt ist, vertrauen die Beteiligten von vorneherein weniger auf den Erfolg des Prozesses. Zu Recht, denn es besteht die Gefahr, dass erarbeitete Ergebnisse (Ziele, Leitlinien, Maßnahmen) hinterher nicht akzeptiert werden oder die Führung nicht den von ihr geschuldeten Beitrag anerkennt.

Die Führung erlebt mit

Voraussetzungen für den Einsatz von Appreciative Inquiry

- ❖ »Ehrlicher« Beteiligungsprozess.
- ❖ Klare Vorstellung von der angestrebten Veränderung.
- ❖ Genügend Zeit einplanen.
- ❖ AI ist keine Konfliktbewältigungsmethode.
- ❖ Beteiligung der Führung.

Qualitätssteigerung mit Appreciative Inquiry

Eine PR-Agentur mit 40 Angestellten führte einen AI-Prozess durch (vgl. Hammond/Royal 1998). Die Firma war bereits sehr erfolgreich und wuchs an Umsatz und Mitarbeitern seit einigen Jahren. Eine Entwicklung, die eigentlich nicht besser hätte laufen können. Doch die Unternehmensleitung befürchtete, dass aufgrund des schnellen Wachstums die Qualität der Leistung sinken würde. Der Einsatz von AI sollte ein solches Szenario vermeiden und bewirken, dass die Mitarbeiter noch mehr leisten können, weitere Fähigkeiten erwerben und sich zufriedener mit sich und ihrer Arbeit fühlen. Das Besondere an diesem Fall war: Die Anliegen, Probleme und Wünsche der Kunden sollten in den Prozess mit einfließen.

»Negative« Informationen, wie sie in diesem Fall die Kunden liefern sollten, in den Prozess zu integrieren, ist jedoch, wie bereits beschrieben, nicht im Sinne von AI. Die Herausforderung bestand nun darin, die Klagen, Probleme und Anliegen der Kunden in Bezug auf die Firma so in den Prozess einzufügen, dass sie den positiv-orientierten Ansatz nicht störten.

Wertschätzende Interviews mit Kunden

Und so begann der AI-Prozess mit der Befragung einiger Kunden bezüglich ihrer positiven wie negativen Erfahrungen mit der Firma, ihrer Wünsche für die zukünftige Zusammenarbeit und ihrer Einschätzungen der Entwicklung der Firma. Unter anderem wurden den Kunden folgende Fragen gestellt.

Fragen zum Hintergrund

Kunden-interviewfragen

❖ Wie lange arbeiten sie schon mit der Firma zusammen?
❖ Was ist ein typisches Projekt, in dem sie mit dieser Firma zusammenarbeiten?
❖ Bitte beschreiben Sie so ein Projekt aus Ihrer Sicht. Was bedeutet so ein Projekt für Sie? Wo beginnt es? Was sind für sie die wichtigsten Schritte? Wann ist für Sie ein Projekt erfolgreich abgeschlossen?
❖ Welche Erfahrungen haben Sie beeinflusst, mit dieser Firma zusammenarbeiten?

Fragen zur Leistung

- ❖ Haben Sie schon einmal Probleme mit der Firma gehabt? Haben Sie dies einem Verantwortlichen mitgeteilt? Wie hat dieser reagiert? Hat diese Reaktion Ihren Ansprüchen genügt? Wenn nicht, was hätte noch passieren müssen?
- ❖ Bitte beschreiben Sie eine Zeit, in der die Firma ihre Arbeit zu Ihrer vollkommenen Zufriedenheit ausgeführt hat. Was hat sie so gut gemacht?
- ❖ Welche drei Wünsche hätten Sie an die Firma bezüglich ihrer Dienstleistung?
- ❖ Was würden Sie der Firma sagen, wenn Sie an einer Strategiesitzung teilnehmen würden?
- ❖ Was ist Ihre Vision für diese Firma? Was würden Sie ihr empfehlen, um diese Vision zu erreichen? Was sind die Dinge, die die Firma so belassen sollte?

Die Ergebnisse der Kundeninterviews sollten später in zwei Etappen in den Prozess einfließen. Erst wurde den Beteiligten mitgeteilt, was die Kunden an der Firma wertschätzten. Später, bei einem weiteren Treffen, wurden die Wünsche und Anliegen der Kunden weitergegeben.

Kernthemen und AI-Interviewleitfaden

Nach der Befragung der Kunden folgte ein eintägiger Workshop mit 16 Angestellten des Unternehmens. Ziel war es, die *belebenden Faktoren* der Organisation, die es ermöglichten, hervorragende Arbeit zu leisten, zu entdecken und zu verstehen. Später sollten daraus die Kernthemen für den AI-Interviewleitfaden entwickelt werden.

Zuerst interviewten sich die Mitarbeitern gegenseitig mithilfe des Basisinterviews und teilten anschließend ihre besten Geschichten im Plenum mit. Sie erkundeten und sammelten, was sie aus den Interviews gelernt hatten. Dann stellten sie wichtige Gemeinsamkeiten in den zuvor gemachten Aussagen heraus und bildeten dazu Kategorien. Diese Kategorien wurden schließlich als Kernthemen formuliert, zu denen der AI-Prozess im Unternehmen durchgeführt werden sollte (Qualität, Freiraum, Erfolg für den Kunden, Großzügigkeit, Herausforderungen und Solidarität).

Positive Erfahrungen der Kunden

Zu diesem Zeitpunkt nun – die Richtung des Prozesses war mit der Festlegung der Kernthemen bestimmt – flossen die positiven Erfahrungen der Kunden mit der Firma in den Prozess ein. In Zitaten und kleinen Geschichten wurde wiedergegeben, was die Kunden besonders an der Firma wertschätzten, wo sie meinten, dass die Mitarbeiter gute Arbeit geleistet hätten. Die Mitarbeiter konnten nun vergleichen, ob ihre Selbsteinschätzung bezüglich ihrer Stärken und der *belebenden Faktoren* mit der Fremdeinschätzung der Kunden übereinstimmten. In der Tat war dies auch der Fall. Im darauf folgenden Schritt entwickelten sie zu den Kernthemen Interviewfragen für die Discovery-Phase.

Schritte der Qualitätssteigerung mit Appreciative Inquiry

Interview der Kunden

Workshop I: Erkunden und verstehen, was belebt

❖ Gegenseitige Interviews.
❖ Präsentation über AI.
❖ Beste Geschichten aus den Interviews im Plenum.
❖ Die *belebenden Faktoren* herausfiltern.
❖ Positive Kundenaussagen einspeisen und mit der Selbstwahrnehmung vergleichen.
❖ Fragen für den Interviewleitfaden entwickeln.

Zwischen den Workshops: erkunden, was in der Organisation funktioniert

❖ Jede Person interviewt andere Mitarbeiter.
❖ Die bereits Interviewten können ebenfalls weitere Mitarbeiter befragen.

Workshop II: Möglichkeit für die Zukunft entwickeln

❖ Präsentation der Interviewergebnisse.
❖ Visionieren, wie die Ergebnisse der Interviews die Zukunft verändern würden.
❖ Zukunftsaussagen ausarbeiten und präsentieren.
❖ Anliegen und Wünsche der Kunden wiedergeben und mit den Zukunftsaussagen vergleichen.
❖ Maßnahmen zur Umsetzung entwickeln.

Wünsche und Probleme der Kunden

Über die folgenden vier Wochen befragten die 16 Interviewer alle weiteren Angestellten. Die Ergebnisse dieser Befragung wurden in einem zweiten Workshop zusammengetragen. Anschließend stellten die Teilnehmenden sich vor, sie würden die gleichen Interviews noch mal ein Jahr später durchführen, und schrieben auf, welche Ergebnisse sie dann wohl ergeben würden (Dream-Phase), wenn sich das eigene Unternehmen insgesamt positiv weiterentwickelt hätte. Die Inhalte dieser Phase wurden später zu Zukunftsaussagen präzisiert (Design-Phase). Hier flossen nun auch die Wünsche und Probleme der Kunden an die Firma in den Prozess ein. Dies geschah zu einem Zeitpunkt, in dem die Mitarbeiter sich bereits in ihrem Selbstbild gestärkt fanden, die wünschenswerte Zukunft skizziert hatten und motiviert waren, sich weiterzuentwickeln. Die Mitarbeiter verglichen die Wünsche der Kunden mit ihren Zukunftsaussagen und fanden heraus, dass beides übereinstimmte. In dem Moment, wo sie die Zukunftsaussagen umgesetzt haben würden, würden sie auch die Wünsche und Anliegen ihrer Kunden erfüllen. Darin bestätigt, dass die von ihnen angestrebte Zukunft auch im Sinne der Kunden war, konnte nun geplant werden, wie sie diese Zukunft erreichen wollten (Destiny-Phase).

Teamentwicklung mit Appreciative Inquiry

Hinter dem Begriff »Teamentwicklung« verbergen sich ganz unterschiedliche Aufgabenstellungen je nach Situation des Teams, um das es geht. Auch das im vorherigen Abschnitt beschriebene Beispiel fällt unter die Kategorie »Teamentwicklung«. Denn immer, wenn ein Team an gemeinsamen Visionen und/oder Zielen arbeitet und Maßnahmen dafür plant, findet stets auch eine Entwicklung des Teams statt. AI ist sehr gut geeignet, um mit einem Team daran zu arbeiten, was gemeinsam erschaffen werden soll und wie das erreicht werden kann.

Ein AI-Prozess mit einem Team kann aber auch ausschließlich darauf abzielen, die Zusammenarbeit der Teammitglieder zu verbessern. Zusammenarbeit ist immer noch eine sehr breite Thematik. Die Faktoren, die ein Team von guter Zusammenarbeit abhalten, können höchst unterschiedlicher Natur sein. Deshalb gibt es hier nicht den einen allein richtigen AI-Prozess. Misstrauen und Ärger unter den Teammitgliedern können sogar so groß sein, dass niemand etwas Wertschätzendes über den anderen über die Lippen bringen würde. Auf diese Problematik gehen wir später ein (S. 79f.).

Wenn die Situation entspannter ist …

Ist die Situation nicht ganz so gespannt, kann folgende Vorgehensweise gewählt werden: In der ersten Phase führen die Mitglieder des Teams paarweise Interviews durch. Darin wird neben den Standardfragen (siehe Kapitel 2, S. 39) auch nach dem besten Erlebnis gefragt, das man innerhalb dieses Teams hatte, sowie nach dem besten Teamerlebnis, das man in der Organisation erfahren hatte. Im Anschluss an die Interviews erzählt nochmals jeder seine Geschichten der ganzen Gruppe. Der Erzählende setzt sich jeweils in die Mitte und die anderen stellen ihm Fragen zu seinen Erinnerungen. Das kann da, wo die Beteiligten schon jahrelang in der gleichen Organisation arbeiten, bereits mit wenigen Personen sehr lange dauern und eine sehr intensive Erfahrung auslösen. Als Ergebnis entsteht einerseits ein Bewusstsein, wie das eigene Team war, als es wirklich gut funktionierte. Andererseits wird deutlich, wie sonst in der Organisation Teams arbeiten, wenn sie gut sind. Darüber hinaus kann diese Erzählrunde ein enormes Maß an Nähe herstellen. Denn mit jeder erzählten Begebenheit werden auch die Werte, Hoffnungen und Wünsche deutlich, die die Beteiligten miteinander verbinden.

Anschließend werden aus diesem Material Zukunftsaussagen abgeleitet, die hier den Charakter von Leitlinien für die Zusammenarbeit des Teams haben. Diese Leitlinien unterscheiden sich nicht sonderlich von denen, die auch ohne die Interviewphase und den Austausch über die Geschichten entstanden wären oder die man allerorten nachlesen kann. Der entscheidende Unterschied besteht darin, dass die Beteiligten mit diesen Leitlinien jetzt Bilder verbinden, die sie selbst entwickelt haben. Oft zeigen sich im Verlauf des Erzählens auch eine oder zwei Anekdoten, die die Beteiligten ganz besonders ansprechen, zum Beispiel weil sie mit einer aktuellen Thematik des Teams zu tun haben.

Leitlinien formulieren

Immer, wenn in einem Team gemeinsame Leitlinien entwickelt werden – sei es mit oder ohne AI – muss eine entscheidende Frage gestellt werden: Meinen wir es wirklich ernst? Denn das Team genießt durchaus den AI-Prozess, hat Freude an den Interviews, den Geschichten und daran, Leitlinien aufzuschreiben, die zeigen, wie das Team schon einmal funktioniert hat, als es wirklich gut war, und wie es das wieder werden könnte. Doch das heißt aber noch nicht, dass ab dem nächsten Morgen tatsächlich etwas anderes gemacht wird. Denn die Leitlinien sind ihrer Natur nach generalisierende, abstrakte Aussagen. Auf dem Flipchart mag stehen »*Wir geben konstruktives Feedback*«. Doch was das im Einzelnen heißt, darüber hat man nicht gesprochen. So interpretiert jeder diesen Leitsatz anders. Im Zweifelsfall so, wie es der Betreffende schon immer getan hat. Daher wird eine ausführliche Diskussion unerlässlich, in der geklärt wird, was diese Leitlinien ganz konkret für jeden Einzelnen bedeuten. Dafür muss am Ende des AI-Prozesses genügend Raum sein.

Meinen wir es wirklich ernst?

Im Rahmen einer Teamentwicklung kann der AI-Prozess auch auf eine spezielle Thematik dieses Teams abgestimmt sein. Beispielsweise sieht das Team sein größtes Problem im Vorgesetzten selbst. Für diesen Fall schlägt Gervase Bushe (1995 und 1998), ein kanadischer Wissenschaftler und Berater, der sich auf die Anwendung von AI in der Teamentwicklung spezialisiert hat, vor, den AI-Prozess so zu beginnen, dass jeder gleich vor der ganzen Gruppe nach dem besten Erlebnis gefragt wird, das er jemals in irgendeinem Team hatte – sei es in dieser Organisation oder in einer anderen, sei es beruflich oder privat. Nach jeder Geschichte fragt der Prozessbegleiter die erzählende Person, wie sich der jeweilige Vorgesetzte in der erzählten Situation verhalten hatte. Anschließend werden die Eigenschaften eines guten Teams aufgelistet und dann die eines hervorragenden Vorgesetzten. Der Vorgesetzte selbst wird danach gefragt, was er an dem besten Vorgesetzten, den er je hatte, am meisten schätzen gelernt hat. Dabei mag es die Teammitglieder überraschen, dass ihr Vorgesetzter die gleichen Dinge würdigt, die auch sie sich von ihm wün-

Wenn der Vorgesetzte das Problem ist

schen. Anschließend kann der Vorgesetzte befragt werden, wie er sich im Vergleich zu den Eigenschaften eines guten Vorgesetzten sieht und ob er an einem Feedback von seinen Mitarbeitern interessiert ist. Das kann eine sanfte und zugleich wirksame Weise sein, um ein offenes Gespräch über das einzuleiten, was der Vorgesetzte verändern sollte.

Die Fragen des AI-Interviews können den jeweiligen Intentionen der Teamentwicklung angepasst werden. Geht es darum, in der Gruppe die Motivation für die Arbeit neu zu entfachen, wird nach Erlebnissen gefragt, in denen sich Teammitglieder besonders motiviert fühlten, und danach, welche Umstände dies ermöglichten. Ist Misstrauen das Thema, wird nach Erlebnissen gefragt, in denen Vertrauen hergestellt wurde.

AI in schwierigen
Situationen
Eine besonders schwierige Situation besteht immer dann, wenn in einem Team das Misstrauen, die Verärgerung, der Schmerz, der aus Verletzungen entstand, oder die Schuldgefühle so groß sind, dass die Teammitglieder nur verdeckt oder gar nicht darüber sprechen wollen. Bud Orr hat für diesen Fall folgenden Weg erprobt: In den AI-Interviews wird jeder nach einer früher erlebten Situation gefragt, die emotional geladen war und in der eine ehrliche und offene Aussprache stattgefunden hat. Diese Geschichten werden in der Gruppe erzählt. Daraus werden Leitlinien für das folgende Gespräch abgeleitet. Durch diesen Prozess wird den Beteiligten klar, dass die Fähigkeit, mit einer emotional schwierigen Situation umzugehen, in ihnen steckt, und sie gehen die nächsten Schritte mit mehr Vertrauen.

AI – paradox
Gervase Bushe (1995 und 1998) hat in einer ähnlichen Situation die Teammitglieder zunächst, wie oben schon beschrieben, von ihren besten Teamerlebnissen erzählen lassen und daraus mit der Gruppe Leitlinien für ein gutes Team abgeleitet. Für die nachfolgende nächtliche Pause wurde jeder gebeten, sich für jedes andere Teammitglied zu überlegen, was dieses in letzter Zeit Positives im Sinne der Leitlinien getan hatte. Diese Aufforderung zu wertschätzenden Äußerungen hatte den gewollt gegenteiligen Effekt. Am nächsten Morgen berichteten die Beteiligten von ihrem Frust mit dieser Aufgabenstellung. Sie könnten nichts Wertschätzendes sagen, weil sie so viel Ärger empfänden. Damit brach die Ehrlichkeit durch und es wurde die dringend nötige Katharsis in Gang gesetzt. AI wurde in diesem Fall als paradoxe Intervention eingesetzt.

Dass im Rahmen eines Teamentwicklungsprozesses die Beteiligten gebeten werden, den anderen zu sagen, was sie besonders an ihnen schätzen, ist nichts Ungewöhnliches. Es geschieht immer wieder und in den unterschiedlichsten Formen.

Alle laufen mit einem Schild auf dem Rücken durch den Raum, und jeder schreibt auf das Schild von jedem anderen, was er an ihm oder ihr besonders schätzt. Das dauert je nach Größe der Gruppe zwischen 15 und 30 Minuten. Und anschließend tauscht man sich darüber in kleinen Gruppen aus, um das viele positive Feedback, das man bekommen hat, auch richtig zu genießen.

Wenn AI die Methode ist, mit der die Teamentwicklung gestaltet wird, gehört ein solcher Schritt in jedem Fall dazu. Er kann am Anfang, in der Mitte oder am Ende geschehen. In jedem Fall sollte in irgendeiner Form jeder einmal seine Wertschätzung gegenüber jedem anderen zum Ausdruck bringen. Denn es gehört zum Geist von AI, das Beste in sich und anderen zu erkennen und zu würdigen.

Ganze Systeme verändern:
der Appreciative-Inquiry-Summit

AI in der Breite Seit etwa Mitte der 90er-Jahre wurde die Methode Appreciative Inquiry weiterentwickelt, um die großflächige Veränderung ganzer Organisationen zu ermöglichen. David Cooperrider und Diana Whitney haben sich insbesondere darauf konzentriert, AI auf die Arbeit mit großen Gruppen und ganzen Systemen zu übertragen, und dafür den so genannten *AI-Summit* entwickelt. Dabei lernten sie von anderen Großgruppenmethoden, vor allem von Marvin Weisbords *Zukunftskonferenz*. Einige grundlegende Ideen (zum Beispiel das ganze System in einen Raum bringen) und Erfolgsvoraussetzungen (beispielsweise die Notwendigkeit einer klaren Aufgabe) wurden übernommen.

Die Teilnehmerzahl an AI-Summits ist nicht beschränkt. Sie können mit 50 oder mit über 2.000 Beteiligten durchgeführt werden. Zeitlich dauern sie zwei bis drei Tage, können aber auch auf vier Tage ausgedehnt werden. In der Regel wird während des Summits ein Ergebnis erarbeitet: die Vision einer neuen Kultur, strategische Ziele usw. Denkbar ist auch, dass ein vom Management vorab erarbeiteter Soll-Zustand gemeinsam überarbeitet wird.

AI-Summit: Ablauf			
	1. Tag	**2. Tag**	**3. Tag**
Vormittag		Dream (Entwerfen)	Destiny (Umsetzen)
Nachmittag	Discovery (Erkunden und Verstehen)	Design (Gestalten)	

Der Ablauf eines AI-Summits orientiert sich an den bereits vorgestellten vier Phasen *Discovery, Dream, Design* und *Destiny*. Es gibt keinen absolut »richtigen« Ablauf, sondern nur Aktivitäten, die zu jeder dieser Phasen typischerweise stattfinden. Das Design wird immer an die Gegebenheiten der jeweiligen Organisation und Aufgabenstellung angepasst. Im Folgenden wird nicht der ganze Ablauf im Detail beschrieben, sondern es werden nur die AI-typischen Besonderheiten herausgestellt.

Die vier Phasen und mögliche Schritte eines AI-Summits

Phase	Mögliche Schritte
Discovery (Erkunden und Verstehen)	❖ Wertschätzende Interviews: Die Teilnehmer führen paarweise Interviews durch. ❖ Wie sind wir, wenn wir die Organisation als inspirierend erleben? In Gruppen tauschen sich die Paare über ihre besten Geschichten aus. ❖ Wie sind wir, wenn wir am besten sind? Zu den Kernthemen werden die besten Fälle im Plenum sichtbar gemacht.
Dream (Visionieren)	❖ Visionen miteinander teilen: Gruppen tauschen sich über ihre Visionen aus den Interviews aus. ❖ Visionen lebendig machen: Gruppen entwerfen kreative Präsentationen ihrer Visionen. ❖ Visionen darstellen: Gruppen präsentieren im Plenum.
Design (Gestalten)	❖ Präzisierung des Entwurfs der künftigen Organisation: Die Gemeinsamkeiten der Visionen werden in Worte gefasst. ❖ Auswählen der wichtigsten »Bausteine« der künftigen Organisation. ❖ Erarbeiten von Zukunftsaussagen.
Destiny (Umsetzen)	❖ Erarbeiten möglicher Maßnahmen: Gruppen entwickeln mögliche Maßnahmen und teilen sie dem Plenum mit. ❖ Auswählen »inspirierter Maßnahmen«: Einzelne Teilnehmer erklären im Plenum, welche Maßnahme sie voranbringen wollen, und beschreiben die Unterstützung, die sie dafür brauchen. ❖ Arbeitsgruppen finden sich: Open-Space-Gruppen planen weitere Schritte für die Umsetzung. ❖ Die *wertschätzende Organisation* initiieren: Heimatgruppen überlegen, wie sie die AI-Philosophie in ihren Alltag übertragen können.

Phase 1: Discovery (Erkunden und Verstehen)

Wertschätzende Interviews

AI-Summits beginnen nach der üblichen Begrüßung und einer Einführung in die Methode sofort mit dem *wertschätzenden Interview*. Paare finden sich rasch, und es lässt sich beobachten, wie binnen Minuten Dutzende oder Hunderte von Teilnehmern in intensive Gespräche vertieft sind. Einige von ihnen suchen sich ruhige Ecken im Raum oder setzen sich ans Fenster. Andere begeben sich für die Zeit des Interviews irgendwo in die Lobby. Die meisten bleiben jedoch da, wo sie sich gerade befinden. Kaum haben die Interviews begonnen, ist die Energie sofort hoch. Alle unterhalten sich angeregt und aufmerksam. Ganz offensichtlich macht es den Teilnehmern Spaß, diese Interviews zu führen. Es mag ungewöhnlich erscheinen, eine Konferenz mit einer bis zu zweistündigen Aktivität von Paarinterviews zu beginnen. Doch die Erfahrung zeigt, dass dies durchaus möglich ist und von den Teilnehmern als angenehm empfunden wird.

Holographischer Start

Die *wertschätzenden Interviews* ermöglichen es, die Konferenz »holographisch« zu beginnen. Diese ersten beiden Stunden spiegeln bereits den Ablauf des gesamten Summits wieder. Kernthemen, die im Konferenzverlauf im Mittelpunkt stehen, werden im Interview bereits behandelt. Es wird gleichzeitig nach Visionen und Wünschen für die Zukunft sowie nach ersten Ideen für Maßnahmen gefragt. So kommen diejenigen schon am Anfang »zu ihrem Recht«, die am liebsten gleich mit der Maßnahmenplanung begonnen hätten.

Die Interviews sind so ein Modell für den Ablauf des Summits: Jeder Teilnehmende leistet einen wertvollen Beitrag. Jedem wird intensiv zugehört. Sehr persönliche und offene Äußerungen sind möglich. Herzliche Beziehungen entstehen. All das wird sowohl in den *wertschätzenden Interviews* wie auch später in der ganzen Konferenz gelebt und erlebt.

Lebendige Geschichten werden im Plenum erzählt

Nach den Interviews kommen Achtergruppen zusammen. Jeder stellt seinen Interviewpartner anhand seiner besten Geschichten und Zitate vor. Wenn im Anschluss daran von der Moderation gefragt wird, wie diese Vorstellungsrunde empfunden wurde, hört man in der Regel viele Kommentare über die guten Geschichten, die erzählt wurden. Das ist ein hervorragender Anlass, die Gruppen zu bitten, ihre jeweils beste Geschichte im Plenum zu erzählen. Was nun folgt, sind meist sehr lebendig und anregend vorgetragene Anekdoten. Es wird viel gelacht und applaudiert. Die Moderatoren erläutern aber schon vorher, dass diese Geschichten nicht zur bloßen Unterhaltung erzählt werden. Sie machen klar, dass jede Geschichte ihre »Moral« hat. Das heißt, sie transportiert implizit eine Botschaft darüber, was die Mitarbeiter dieser Organisation inspiriert.

Wenn eine Reihe von Geschichten erzählt wurde, reflektiert die große Gruppe gemeinsam, welche Botschaften in diesen Geschichten stecken. Dann bemerken beispielsweise Teilnehmer, dass besondere Höhepunkte dann erlebt wurden, wenn viel Verantwortung übertragen wurde oder wenn man an einem wichtigen Projekt mitgearbeitet hatte.

Sobald mehr als 100 Personen an der Konferenz teilnehmen, ist es nicht mehr möglich, alle Gruppen ihre beste Geschichte erzählen zu lassen. Dann kann man jedoch diesen plenaren Schritt in späteren Phasen des Summits einbauen und in leicht »verdaubare« Zehn-Minuten-Happen aufteilen. So wird die uralte Tradition der mündlichen Überlieferung von Kultur wieder ein Stück weit lebendig gemacht.

In der Folge werden zu den Kernthemen die brillanten Facetten der Organisation allen Teilnehmenden zugänglich gemacht. Dies geschieht oft auf meterlangen Wänden, die sowohl verbal als auch kreativ gestaltet sein können. Schon in dieser Phase der Konferenz sammeln die Teilnehmer konkret umsetzbare Ideen. Sie lernen von dem Guten, das es anderswo in der Organisation gibt. Vor allem aber wird ihre Vision davon, was die Organisation eigentlich sein könnte, enorm erweitert. Denn sie erleben in einer Fülle von positiven Details, die bereits in ihrer Organisation vorhanden sind.

Die Juwelen allen sichtbar machen

Es existiert für die Discovery-Phase im AI-Summit noch eine Reihe von Varianten oder Ergänzungen. So könnten beispielsweise mittels Benchmarking vorab in anderen Organisationen erhobene *best practices* in die Konferenz eingebracht werden. Oder Kunden werden gebeten, ganz gezielt über ihre besten Erlebnisse und Erfahrungen mit der Organisation zu berichten. Im Rahmen einer Umfeldanalyse können die Trends herauskristallisiert und untersucht werden, die für die Zukunft Chancen bieten. Auf *Zeitlinien,* wie sie auch in Zukunftskonferenzen vorkommen, kann das Positive, das die Organisation in den letzten zehn bis 30 Jahren auszeichnete und das man mit in die Zukunft nehmen will, dargestellt werden.

Phase 2: Dream (Visionieren)

Hier greifen die Gruppen zuerst auf die Ergebnisse der Interviews zurück und tauschen sich über ihre Antworten zu den Fragen über die Zukunft aus. Diese werden gesammelt und um weitere Ideen, Visionen und Wünsche angereichert mit dem, was in fünf, zehn oder 20 Jahren sein könnte. Vor allem zu den Kernthemen sollen sich die Teilnehmer vorstellen, was in der Zukunft erreicht werden könnte.

Kreative Gestaltung der Zukunft

Auf der Basis dieser Sammlung von Visionen entstehen dann kreative Präsentationen. Bei einer Teilnehmerzahl bis zu 80 Personen ist es gut möglich, jede Gruppe wie in Zukunftskonferenzen einen kleinen Sketch erarbeiten und darstellen zu lassen. Bei einer größeren Teilnehmerzahl sind Collagen auf Pinwänden eine sehr belebende Variante. Sie werden in einem Infomarkt, den wir gerne »Galerie der Zukunft« nennen, allen vorgestellt.

Phase 3: Design (Gestalten)

Das Gewünschte präzise formulieren

In dieser Phase geht es darum, die Inhalte der kreativen Präsentationen zu ordnen und in Worte zu fassen. So genannte Zukunftsaussagen werden erarbeitet. Für eine Großgruppe wird ungewohnt viel Zeit in die Formulierung ganzer Sätze oder Absätze investiert. Doch dadurch entstehen aussagekräftige Formulierungen, die einen hohen Anspruch an die Zukunft der Organisation transportieren.

Zu welchen Themenfeldern werden Zukunftsaussagen formuliert? Infrage kommen dabei:

❖ die Kernthemen, die von der Planungsgruppe bestimmt wurden,
❖ Schwerpunktthemen, die sich in der Dream-Phase ergeben haben,
❖ eine Mischung aus diesen beiden Punkten,
❖ Themen aus einem Standardmodell wie beispielsweise dem 7S-Modell von McKinsey.

Typischerweise wählt sich jede Gruppe ein Thema aus den verfügbaren aus und macht sich hierzu an die Arbeit der Formulierung. Die erarbeiteten Zukunftsaussagen werden nicht mit allen Teilnehmern Stück für Stück durchgegangen und auf Tragfähigkeit hin untersucht. Sie bleiben einfach stehen und bilden so die Basis für die nachfolgende Maßnahmenplanung. Selbstredend besteht die Möglichkeit, an dieser Stelle anders zu verfahren. Jede Zukunftsaussage kann natürlich auch im Konsens verabschiedet werden.

Phase 4: Destiny (Umsetzen)

Den Grundstein für eine wertschätzende Organisation legen

In der Destiny-Phase, die idealerweise am letzten Tag des Summits am Morgen beginnen sollte, werden konkrete Maßnahmen geplant. Aktionsgruppen können sich im Open-Space-Modus bilden. Das heißt, freiwillige »Initiatoren« nennen ein Thema, das zu den vorher formulierten Zukunftsaussagen passt, und arbeiten dann mit anderen Freiwilligen daran. Wir kennen das von anderen Großgruppen-Designs. Eine Besonderheit von AI in dieser Phase besteht jedoch darin, dass die Summit-Teilnehmer in der Regel auch reflektieren, wie sie den wertschätzenden Ansatz, den sie in den letzten Tagen erlebt haben, in ihren Alltag integrieren können. Sie überlegen in Heimatgruppen (das sind Gruppen, die aus der gleichen Abteilung, Region, Interessengruppe usw. kommen), wie sie künftig das Positive stärker als das Negative herausstellen und kommunizieren können, wie sie sich gegenseitig wertschätzen und vorbildliche Beispiele bekannt machen können. So wird gefördert, dass die Grundideen von AI in den Arbeitsalltag der Organisation übertragen werden und eine *wertschätzende Organisation* entsteht.

Variationen im Prozess

Es gibt noch andere bzw. ergänzende Möglichkeiten, um AI großflächig einzusetzen. Die *wertschätzenden Interviews* müssen beispielsweise nicht unbedingt während des Summits stattfinden. Man kann sie bereits vor der Konferenz durchführen und damit auf einfache Weise eine sehr viel größere Zahl von Mitarbeitern in den Veränderungsprozess einbinden. Typischerweise arbeitet dann zunächst eine Planungsgruppe die Kernthemen heraus, die durch den AI-Prozess verstärkt werden sollen, und entwickelt den Interviewleitfaden. Im nächsten Schritt wird das Befragungsvorhaben möglichst allen Mitarbeitern vorgestellt. Das kann unter anderem im Rahmen einer Betriebsversammlung geschehen. Freiwillige, welche die *wertschätzenden Interviews* durchführen wollen, können in diesem Rahmen gefunden werden. Eine größere Zahl (zum Beispiel hundert) Interviewer kommt dann für einen halben Tag zusammen, um in Paaren die ersten Interviews durchzuführen und um mehr über die AI-Philosophie und den Geist des richtigen Fragens zu lernen.

AI-Interviews vor einem Summit

Man darf sich das jedoch nicht als eine ausgefeilte Schulung in Interviewtechnik vorstellen. Denn während es tatsächlich Know-how braucht, um konventionelle diagnostische Interviews durchzuführen, und sich dieses Know-how auch nicht leicht an Laien vermitteln lässt, verhält es sich mit *wertschätzenden Interviews* ganz anders. Denn hier geht es darum, ganz natürliche Tendenzen (Neugier, Anteilnahme) zu verstärken. Das »Interview-Training« geschieht auf wertschätzende und affirmative Weise. Nach einer ersten Interviewrunde reflektieren die Beteiligten in einem Mikro-AI-Prozess, was

AI-Interviews durchzuführen lässt sich leicht lernen

das Angenehmste und Anregendste an den gerade erlebten Interviews war und was sie verstärken wollen. Dann erfolgt das Rückinterview.

Diejenigen, die nach dem ersten halben Tag weitermachen wollen (in der Regel sind es alle), führen in den nächsten Wochen drei bis fünf Interviews durch. Jeder, der interviewt wird, wird ebenso gefragt, ob er selbst bereit wäre, weitere Interviews durchzuführen. Man kann sich ausrechnen, dass sich auf diese Weise in kurzer Zeit schneeballartig mehrere tausend Menschen erreichen lassen. Damit das so klappt, bedarf es jedoch einer sorgfältigen Information aller Betroffenen über die Ziele, den Verlauf und die Auswertung der Interviews.

Qualitative Auswertung der Interviews: der Bericht

Die Interviewergebnisse werden üblicherweise in einem Bericht zusammengefasst, der ausschließlich qualitativ gestaltet ist. Zum Beispiel werden zu den Kernthemen, die durch den AI-Prozess vorwärts gebracht werden sollen, ausgewählte Zitate und Geschichten zu dem bereits vorhandenen Besten sowie zu Möglichkeiten und Wünschen für die Zukunft zusammengestellt. Da der Bericht anekdotisch-lebendig ist und kein Zahlenfriedhof, wird er in der Regel als inspirierendes Dokument angesehen und gerne gelesen. Die Mitarbeiter sollen ihn als Einladung auffassen, sich mit dem laufenden Prozess innerhalb der Organisation auseinander zu setzen und sich an den folgenden Aktivitäten zu beteiligen (s. Beispiel auf S. 74).

Der Bericht kann für verschiedene Zwecke genutzt werden

Die Interviews und der daraus resultierende Bericht können direkter Input für einen AI-Summit sein. Das heißt, die Discovery-Phase wird ins Vorfeld der Konferenz verlagert. Auf dem Summit finden dann lediglich die Phasen Dream, Design und Destiny statt. Der Bericht kann aber auch in die Entwicklung eines Leitbildes oder eines anderen, einen Sollzustand beschreibenden

Papiers einfließen, das erst einmal in einer kleinen Gruppe entwickelt wird, bevor es verbreitet wird. Das amerikanische Rote Kreuz hat Hunderte von Interviews durchführen lassen, um auf dieser Basis sein Leitbild zu entwickeln. Man wollte durch die Interviews die Schlüsselfaktoren, die die Mitglieder dieser Organisation inspirieren *(belebende Faktoren)*, identifizieren und im Leitbild abbilden. Mit anschaulichen Beispielen wollte man zeigen, was es heißt, dieses Leitbild zu leben. Schließlich sollte deutlich werden, dass das Leitbild realitätsnah und in den Traditionen der Organisation verwurzelt ist.

In einer anderen Organisation wurden in allen Bereichen Interviews durchgeführt. Die Ergebnisse wurden in einem Bericht zusammengefasst und an die Belegschaft verteilt. Daraufhin wurden die Mitarbeiter zu einem eintägigen Visionsworkshop eingeladen. Die Ergebnisse dieses Workshops wiederum flossen dann einer Auswertungsgruppe zu, die daraus die Zukunftsaussagen formulierte und dementsprechende Maßnahmen für deren Umsetzung entwarf.

Die zahlreichen Interviews, die vor einem Workshop oder Summit durchgeführt werden, sind nicht nur reine Vorarbeit, sondern haben bereits ihren eigenen Wert. Sie beeinflussen die Organisation. Sie versetzen zwar noch keine Berge, doch sie verändern die Wahrnehmung der beteiligten Menschen. Viele merken, dass es in ihrer Organisation mehr Positives und Stärkendes gibt, als sie bislang dachten. Die Interviews führen nicht selten schon zu überraschenden Erkenntnissen. Vielen Beteiligten wird ganz von alleine klar, wie sehr sie darauf fixiert sind, auf das zu schauen, was nicht funktioniert. Jeder Veränderungsprozess beginnt bereits mit den ersten Fragen, die gestellt werden. Diese können stärken oder schwächen. Wenn zu Beginn eines Veränderungsprozesses ein paar hundert oder ein paar tausend Personen sich stärkende Fragen stellen, hat dies eine positive Wirkung auf den Erfolg des gesamten Prozesses.

Schon die Interviews sind eine Intervention

Der oben beschriebene Prozess lässt sich in vielerlei Hinsicht variieren. Wie großflächige AI-Prozesse am wirkungsvollsten ablaufen, ist ein Feld, dessen Erkundung noch lange nicht abgeschlossen ist. Als Beispiel für einen großflächigen Veränderungsprozess, der ganz anders als oben beschrieben angelegt wurde, sei hier die GTE, eine US-amerikanische Telefongesellschaft mit 70.000 Mitarbeitern, erwähnt.

Im ersten Schritt wurden bei *GTE* 800 »front-line«-Mitarbeiter (keine internen Berater!) in AI trainiert. Viele von ihnen wurden anschließend aktiv und führten AI-Workshops (mit kleinen Gruppen) durch, in deren Vorlauf oft größere Zahlen von Mitarbeitern interviewt wurden. In einem »story center« wurden die besten Anwendungsbeispiele für AI gesammelt und weiterverbreitet. Die entstandenen Prozesse lösten viel Begeisterung aus. Das hatte zur Folge, dass sich immer mehr Mitarbeiter von GTE in AI ausbilden lassen wollten.

Doch dann begann sich die zuständige Gewerkschaft ob dieser »Revolution von unten« bedroht zu fühlen. Sie kündigte an, den ganzen Prozess zu blockieren. Ein AI-Summit zwischen Gewerkschaft und Management räumte dieses Hindernis schließlich aus dem Weg. Die Gewerkschaft forderte am Ende, dass AI noch viel intensiver als vorher eingesetzt werden solle.

Ein anderes Beispiel zeigt, wie ein AI-Prozess über zwei Jahre hinweg durchgeführt werden kann.

Die *Hunter Douglas Window Fashions* Niederlassung in Broomfield in den USA führte einen AI-Prozess mit dem Ziel durch, die Firma wettbewerbsfähiger zu machen. Der AI-Prozess startete mit 100 Mitarbeitern, Vertretern aus allen Bereichen der Niederlassung, allen Hierarchiestufen, Frauen und Männern jeden Alters. Sie entwickelten Kernthemen, zu denen der Prozess stattfinden sollte, formulierten Interviewfragen und starteten mit einer ersten Welle der Befragung der Mitarbeiter. Zwei Wochen später kamen 200 weitere Mitarbeiter als Interviewer hinzu. Die zweite Welle der Interviews wurde initiiert. Nach sechs Monaten war die Datenmenge von 450 Mitarbeitern und 75 Kunden, Lieferanten, Anteilseignern aufbereitet. Nach einem weiteren halben Jahr war schließlich die gesamte Belegschaft von 1.000 Personen einbezogen.

Über ein Jahr fanden mehrere Veranstaltungen statt, wozu jeweils 500 Personen eingeladen wurden, um ihre Zukunftsbilder zu gestalten und Zielvorstellungen zu klären. Um schließlich diese Zielvorstellung zu erreichen, wurden innerhalb des Unternehmens Aktionsgruppen gegründet. Jede betroffene Person konnte sich einer Gruppe anschließen. Die Gruppen arbeiteten selbstständig und eigenverantwortlich, setzten sich eigene Ziele und Zeitpläne, bestimmten eigene Maßnahmen und Zuständigkeiten und kooperierten mit anderen Aktionsgruppen, wenn sie es für notwendig erachteten.

Bereits nach einem Jahr zeigte sich bei *Hunter Douglas* eine Erhöhung der Produktivität, des Umsatzes und des Mitarbeiterengagements. Zurückgeführt werden konnte dieses Ergebnis zum Beispiel darauf, dass die Mitarbeiter unternehmerische Ziele verstanden, sich mit ihnen identifizierten und ihre eigenen Leistungen mit diesen Zielen in Verbindung bringen konnten. Sie fühlten sich für ihre Arbeit verantwortlich, waren motivierter und kreativer. Dies wiederum lässt darauf schließen, dass das Selbstverständnis der Belegschaft durch die wieder erlebten Erfolge stieg. Die Menschen entwickelten ein positives Bild von sich, ihrer Arbeit, ihrer Organisation und von ihrer Zukunft.

Fallstricke

Wie bei jeder Interventionsmethode lauern auch bei der Anwendung von Appreciative Inquiry Klippen. Ist man auf die möglichen Fallstricke vorbereitet, kann man abklären, ob sich ein ernsthaftes Hindernis aufbaut, und gegebenenfalls vorbeugende Maßnahmen ergreifen. Fallstricke sind wie Steine, die auf dem Weg liegen und die Reise behindern. Meist lassen sie sich aus dem Weg räumen, nur selten blockieren sie das gesamte Weiterkommen. Im Folgenden erläutern wir einige dieser Fallstricke.

Die Beteiligten verstehen nicht den positiven Ansatz von AI

Der größte Fallstrick besteht unseres Erachtens darin, dass die Beteiligten eines AI-Prozesses den positiven Ansatz nicht verstehen und daher nicht mittragen. Den Prozess nicht mitzutragen kann bedeuten, sich als betroffene Person nicht auf die Interviewfragen einzulassen, darauf zu bestehen, vor allem auf die negativen Aspekte der Organisation einzugehen (also zu meckern), an alten Mustern des Lernens festzuhalten (aus Fehlern lernt man am besten), nicht am Prozess teilzunehmen oder ihn schlimmstenfalls sogar schlecht zu machen.

Betroffene über AI-Philosophie informieren

Nicht dass hier jedes Mal eine Falle lauert. Man muss nicht immer mit einer negativen Einstellung gegenüber dem positiven Ansatz rechnen. Oft wird das Vorgehen spontan wohlwollend aufgenommen. Doch man sollte sich des Risikos bewusst sein, dass vielleicht nicht verstanden wird, warum zunächst das bereits vorhandene Beste untersucht werden soll. Das heißt, man sollte Sorgfalt darauf verwenden, die Teilnehmer eines AI-Prozesses über die Philosophie von AI aufzuklären. Dies kann in Workshops, Summits oder in einem Planungstreffen, bei größeren Prozessen auch in einer Betriebsversammlung oder durch organisationsinterne Medien geschehen. Es geht hier nicht um einen einstündigen Vortrag mit vielen Folien. Zehn oder 15 Minuten können in einer Konferenz beispielsweise völlig ausreichend sein. Anschauliche Bilder und lebendige Beispiele passen hervorragend zum Thema. Hier wird auch hervorgehoben, dass negative Aussagen im AI-Prozess durchaus ihren Platz haben. Sie werden jedoch in Form von Wünschen für die Zukunft integriert. Teilnehmerbewertungen von AI-Summits haben gezeigt, dass bereits ein solcher Vortrag als ein Höhepunkt der Konferenz angesehen wurde.

Ein Bild, das hilft, AI zu erklären

»Stellen Sie sich zwei Berge vor, der eine in gleißendem Sonnenlicht und der andere von Nebel und Dunst verhüllt. Auf dem Berg in der Sonne befinden sich all unsere Probleme, alles, was nicht gut funktioniert, alles, worüber wir uns ärgern. All das können wir unglaublich gut erkennen. Wie bei einer Fönwetterlage rückt dieser Berg nahe an uns heran. Alle unsere Probleme sind so zu sehen, als ob wir sie durch ein Teleobjektiv betrachten.

Auf dem anderen Berg befindet sich das Gute unserer Organisation, all das, worauf wir stolz sind, was wir gut können, was gut funktioniert, und all die hervorragenden Erlebnisse, die wir in dieser Organisation hatten. Doch dieser Berg ist von dichtem Nebel umhüllt. In dieser Konferenz wollen wir diesen Nebel wegblasen, um zu erkennen, dass da viel ist, worauf wir aufbauen können.

Hinter den beiden Bergen befindet sich dann noch ein dritter, viel größerer und weiter entfernter Berg. Man kann ihn kaum sehen, da er sich im blauen Dunst nur ganz schwach abzeichnet. Er überragt die beiden vorderen Berge um ein Vielfaches. Auf diesem Berg befindet sich all das, was wir als Organisation einmal werden können. In dieser Konferenz soll auch dieser große Berg ganz klar werden. Wenn wir den Berg unserer Visionen, unserer Fähigkeiten und das Gute der Organisation scharf sehen, dann haben wir die Energie, den Gipfel des großen Berges zu ersteigen.«

Das oberste Management versteht und unterstützt nicht die AI-Philosophie

Sorgfältige Information der Führung

Wenn AI für einen großflächigen Veränderungsprozess eingesetzt werden soll, setzt das voraus, dass insbesondere das oberste Management die AI-Philosophie verstanden hat und unterstützt. Es reicht nicht aus, den Kunden für einen AI-Summit oder eine andere Konferenzform mit AI-Elementen zu begeistern und darauf zu bauen, dass dieser während der Konferenz wie alle anderen Teilnehmer die Vorgehensweise und die Philosophie dahinter verstehen wird. Er muss vorher sorgfältig informiert werden.

Als wir einmal nur zwei von vier Vorständen vor einem AI-Summit richtig vorbereitet hatten, führte dieses Versäumnis zu höchst unerwünschten Nebenwirkungen: In der Konferenz selbst wurden zunächst wie sonst viele inspirierende Geschichten im Plenum erzählt. Eine Geschichte enthielt als handelnde Person auch einen der Vorstände, und zwar einen, der AI noch nicht kannte. Dieser Vorstand ging in der nächsten Pause zu dem Erzähler der Geschichte und fragte ihn vor seiner Gruppe, wieso er denn diesen Sch… erzählt habe. Dieses Verhalten ist das Gegenteil eines wertschätzenden Vorgehens. Es führte seitens des betroffenen Teilnehmers zu einem Unverständnis darüber, warum diese Führungskraft seine Geschichte so abwertete. Seine Tischgruppe fühlte sich ebenso betroffen. Dann machte dieses Ereignis die Runde. Auch andere Teilnehmer erfuhren davon.

Dieses Geschehnis steht nur sinnbildlich dafür, dass dieses Vorstandsmitglied die AI-Philosophie weder verstand noch mittrug und dies während der Konferenz noch dazu vielen Teilnehmern erzählte.

Die Interviewfragen sind nicht optimal formuliert

Fragen in der Sprache der Beteiligten formulieren

Ein weiterer Fallstrick besteht darin, dass die Fragen des Interviews nicht optimal formuliert wurden. Die Fragen müssen in der Sprache der Betroffenen geschrieben sein. Beispielsweise lässt sich in vielen Organisationen problemlos nach dem herausragendsten positiven Erlebnis, wo man sich engagiert fühlte und etwas bewegen konnte, fragen. Die Befragten verstehen die Frage, antworten gerne und erzählen interessante Geschichten über die Höhepunkte ihres Werdegangs. In einem Umfeld allerdings, wo die Mitarbeiter einfache Menschen und oft Ausländer waren, hat diese Frage den Beteiligten nur wenige Antworten entlockt. Die Formulierung »herausragend positives Erlebnis« war nicht die Sprache, die sie verstanden. Oder sie hatten tatsächlich keine Erlebnisse, die aus ihrer Sicht das Etikett »herausragend positiv« verdient hätten. Wir änderten die Frage um in »Zu welcher Zeit fühlten Sie sich hier am wohlsten?«. Diese Frage konnte nun problemlos beantwortet werden.

Das beste Mittel, um schlecht verständlichen Fragen vorzubeugen, besteht darin, sie gemeinsam mit der Planungsgruppe des AI-Prozesses zu erarbeiten. Das ist ein wechselseitiger Prozess, der zwischen den Beratern und der Planungsgruppe abläuft.

Die Betroffenen sind in einer Stimmung, die sie für AI nicht offen sein lässt

In Organisationen kann es Situationen geben, in denen die Mitarbeiter nicht in der Lage sind, sich auf den positiv-orientierten AI-Ansatz einzulassen. Man stelle sich beispielsweise eine Abteilung vor, der droht, aufgelöst zu werden, vielleicht, weil sich deren Leistungen günstiger extern einkaufen lassen. In einer solchen angstgeschwängerten Situation kann es den Beteiligten als Hohn vorkommen, sich mit ihren besten Erlebnissen aus der Vergangenheit zu beschäftigen. Es wird ihnen nur schwer zu erklären sein, was das mit ihrer derzeitigen Situation zu tun hat. Nichts wird ihnen in diesem Moment wichtiger sein, als den eigenen Arbeitsplatz zu sichern und damit das Einkommen für die eigene Familie zu erhalten.

In einer solchen Lage kann es schwierig sein, einen AI-Prozess in der üblichen Weise durchzuführen.

Ganz anders sieht es jedoch aus, wenn man die AI-Methodik geschickt mit der aktuellen Situation dieser Abteilung in Verbindung bringt. Die Abteilung steht vor großen, möglicherweise existenzbedrohenden Herausforderungen. Die Mitarbeiter trauen sich vielleicht nicht zu, diese zu bewältigen. Da macht es Sinn, den Beteiligten mittels AI die Ressourcen bewusst zu machen, die sie haben, um eine solche Herausforderung zu bewältigen. Im Interview werden sie dann gebeten, sich an vergangene Erlebnisse zu erinnern, in denen sie gleichermaßen schwierige Herausforderungen erfolgreich bewältigt haben. Anschließend identifizieren sie die Faktoren, die in den früheren Situationen den Erfolg bewirkten.

AI an die Situation anpassen

Folgende Fragen können dafür verwendet werden.

❖ Wann erlebten Sie in Ihrem Leben eine schwierige Zeit mit großen Herausforderungen, in der Sie sich zuerst so fühlten wie jetzt, die Sie aber erfolgreich bewältigt haben? Bitte erzählen Sie mir davon.
   – Was ist damals genau geschehen?
   – Wer war beteiligt?
   – Was haben Sie zur Bewältigung dieser Herausforderung beigetragen?
   – Welche Vorgehensweisen oder Einstellungen von Ihnen oder von anderen Beteiligten haben dazu beigetragen, dass das Problem schlussendlich gelöst werden konnte?
❖ Was lässt sich aus Ihrer Geschichte lernen, wenn es generell um die Bewältigung großer Herausforderungen geht?
❖ Was lässt sich aus Ihrer Geschichte für die Situation lernen, in der wir heute stehen?

Werden die Fragen in dieser Form gestellt, besteht eine gute Chance, dass auch Menschen, die unter dem Druck einer großen Herausforderung stehen, am Prozess teilnehmen. Denn sie können unmittelbar erkennen, wie diese Fragen mit ihrer derzeitigen Situation zusammenhängen.

Parallel laufende AI-Prozesse sollen zusammengefügt werden

Zusammenfügen wird schwierig. Getrennt ist besser

Dieser Fallstrick betrifft die großflächige Anwendung von AI in Form von parallel laufenden AI-Prozessen, die schließlich wieder zu einem zusammengefügt werden sollen. Beispielsweise kann in den Filialen eines produzierenden Großunternehmens mithilfe von AI daran gearbeitet werden, die Vertriebsleistungen zu verbessern. Der Prozess startet gleichzeitig in allen Filialen. In allen Interviewleitfäden werden zu den gleichen Kernthemen dieselben Fragen gestellt. Die Mitarbeiter interviewen sich je Filiale, werten die Fragebögen getrennt aus und kommen für die weiteren AI-Phasen zu AI-Summits zusammen. Auf diesen Veranstaltungen wird die Zukunft entworfen, Zukunftsaussagen werden entwickelt und schließlich umsetzende Maßnahmen vereinbart. Bis hier ist alles in Ordnung.

Der Fallstrick spannt sich erst, wenn die Daten der verschiedenen Prozesse wieder zu einem zusammengefügt werden sollen. Wenn der Anspruch besteht, dass die Mitarbeiter aller Filialen den gleichen Zukunftsaussagen folgen sollen, werden die Zukunftsaussagen der verschiedenen Filialen herangezogen und zu einheitlichen Erklärungen verschmolzen. Keine der nun entstandenen Zukunftsaussagen wurde von den Mitarbeitern im Prozess erarbeitet. Die »alten« Zukunftsaussagen lassen sich zwar erkennen, dennoch scheint es so, als ob den Mitarbeitern fremde Aussagen vorgesetzt würden. Der Prozess wird daraufhin von den Mitarbeitern vielleicht nicht mehr in dem Maße getragen, wie dies vor der Verschmelzung der Fall war.

Die Wertschätzung ist nur aufgesetzt

Dieser letzte Punkt richtet sich an den Berater, der AI einsetzt. Er muss verstehen, dass AI nicht nur eine Methode, sondern eine Haltung dem Menschen und der Organisation gegenüber ist. Wenn er selbst nicht von dieser wertschätzenden Haltung überzeugt ist, wird er nicht das mit AI erreichen, was damit erzielt werden könnte. Er wird die Teilnehmer nicht so gut vom Geist dieser Methode überzeugen können. Nur echte Begeisterung lässt den Funken auf die anderen überspringen.

Die wertschätzende Haltung verinnerlichen

    Es ist eine große Aufgabe, sich selbst und anderen gegenüber wertschätzend zu verhalten und bereits aufblitzende herausragende Momente bei sich und anderen zu erkennen. Keiner ist perfekt. Man kann es sich nur zur Aufgabe machen, das immer weiter zu lernen.

Die Fallstricke

❖ Die Beteiligten verstehen nicht den positiven Ansatz von AI.
❖ Das oberste Management versteht und unterstützt nicht die AI-Philosophie.
❖ Die Interviewfragen sind nicht optimal formuliert.
❖ Die Betroffenen sind in einer Stimmung, die sie für AI nicht offen sein lässt.
❖ Parallel laufende AI-Prozesse sollen zusammengefügt werden.
❖ Die Wertschätzung ist nur aufgesetzt.

Wann hat der positive Ansatz von Appreciative Inquiry seine Grenzen?

Sind mit AI einige unserer bisherigen Vorstellungen darüber, wie Wandel in Gang gesetzt wird, obsolet geworden? Bislang gingen wir meist davon aus, dass »alles auf den Tisch« müsse, was die Beteiligten stört. Fragt man Teilnehmer zu Beginn von Workshops oder Konferenzen, was sie sich wünschen, hört man oft, dass »die Dinge offen und deutlich ausgesprochen« werden sollten – so oder in ähnlicher Formulierung. Und dabei geht es ihnen um das Aussprechen von Defiziten. Die Idee der Katharsis oder des reinigenden Gewitters ist tief in uns verwurzelt.

Es gehört zu den theoretischen Fundamenten des Change Managements, dass die Diskrepanz zwischen Ist und Soll deutlich werden muss. »Unfreezing« soll entstehen, in dem man denen, die »aufgetaut« werden sollen, aufzeigt, dass es einen Unterschied gibt zwischen dem, was sie sagen, und dem, was sie tun. Der »case for change« soll allen klar werden, damit sie verstehen, dass man ein Problem hat und nicht einfach so bleiben kann, wie man ist.

»Unfreezing« oder AI?

Die oben beschriebenen Ansätze haben ihre Berechtigung. Schließlich werden sie vielerorts mit Erfolg angewendet. Doch es gibt Situationen, wo wir mit AI besser fahren würden. Dazu haben wir bereits einiges in den vorangegangenen Kapiteln erläutert. Es gibt jedoch Situationen, in denen AI entweder nicht angemessen wäre oder alleine nicht ausreicht.

Starke negative Gefühle müssen geäußert werden

Wenn in einem Team oder einer Organisation starke »negative« Gefühle existieren, wenn Menschen sich beispielsweise verletzt fühlen, wütend aufeinander sind, Groll oder Schuldgefühle mit sich herumtragen oder sich über Missstände empören, dann wäre es unangebracht, darüber einfach hinwegzugehen und darauf zu beharren, sich nur auf die positiven Aspekte der Organisation zu konzentrieren. Wie wir bereits beim Thema Teamentwicklung beschrieben haben (S. 62ff.), ist es sinnvoll, diese Gefühle wertzuschätzen, indem sie ausgedrückt werden dürfen. Der Hinweis auf »starke negative Gefühle« ist zugeben sehr vage. Denn wann genau ist es notwendig, diesen Gefühlen Raum zu geben? Schließlich gibt es kein Team und keine Organisation, wo nicht auch negative Emotionen vorhanden sind. Wenn in Organisationen gerne »saure« Geschichten erzählt werden, dann gehen mit diesen Geschichten gleichzeitig negative oder besser formuliert »gedämpfte« Gefühle einher.

Wertschätzung »negativer« Gefühle

Die Diskrepanz zwischen Ist und Soll kann wichtig sein

Wie verhält es sich mit der Theorie, dass Veränderungsenergie dadurch erzeugt wird, dass die Diskrepanz zwischen Ist und Soll deutlich gemacht wird? Diese Idee, sowohl die bestehende Realität wie den angestrebten Zielzustand bewusst zu machen, ist seit den 60ern eine der Grundlagen des »geplanten Wandels«. Aus unserer Sicht hat sie immer noch ihre Berechtigung. Sie ist nur da nicht sinnvoll anzuwenden, wo es mehr um den »Organismus« und weniger um das »Geschäft« geht.

Geht es um den »Organismus« oder das »Geschäft«?

Zwei Aspekte von Organisationen	
»Organismus« ❖ menschliche Aspekte ❖ soziales System	**»Geschäft«** ❖ harte Faktoren ❖ wirtschaftliches System
Dazu zählen: ❖ Spirit ❖ Kultur ❖ Fähigkeiten ❖ Beziehungen ❖ Glaubenssätze usw.	Dazu zählen: ❖ Produkte ❖ Märkte ❖ Technik ❖ Finanzen ❖ Strukturen usw.
Der Organismus wächst.	Das Geschäft wird gemacht.
Es geht darum, ❖ das bereits bestehende Beste zu identifizieren. ❖ bewusst zu machen, dass das Ziel schon teilweise gelebt wird (dass man »schon da« ist).	Er geht darum, ❖ die Diskrepanz zwischen Ist und Soll herauszustellen. ❖ bewusst zu machen, dass man noch einen Weg zum Ziel zu gehen hat.

»Organismus« Mit »Organismus« sei die menschliche Seite einer Organisation bezeichnet. Dazu gehören unter anderem der Spirit, die Kultur, die Beziehungen sowie die Fähigkeiten der Mitarbeiter und ihrer Organisation. Wenn es um den »Organismus« geht, ist es gemäß der Philosophie von AI falsch, die Diskre-

panz zum Soll-Zustand deutlich zu machen. Denn das würde immer die Botschaft beinhalten, dass die beteiligten Menschen, so wie sie sind, nicht okay, sondern mit Mängeln behaftet sind. Ihr Selbstvertrauen würde unterminiert, ihre Energie könnte reduziert werden. Geht es also in einem Veränderungsprozess um kulturelle Themen, ist es nicht nur nicht förderlich, sondern eventuell sogar schädlich, die Ist-Kultur derjenigen, die man sich wünscht, gegenüberzustellen.

Ein Beispiel zum »Organismus«: In einem Unternehmen für Eisenbahntechnik begleiteten wir einen Veränderungsprozess, durch den das Projektmanagement dieses Unternehmens verbessert werden sollte. Dieser Prozess kulminierte in einer zweitägigen Konferenz, an der 100 Projektleiter und 100 Linienführungskräfte teilnahmen. Es handelte sich nicht um einen AI-Summit, sondern um eine so genannte Real-Time-Strategic Change (RTSC)-Konferenz. In der ersten »Diagnose«-Phase der Konferenz wurden gemeinsam die Stärken und Schwächen von fünf ausgewählten Aspekten des Projektmanagements untersucht. Später wurde neben anderem eine Vision des künftigen Projektmanagements entworfen und Maßnahmen geplant. Dieses Vorgehen hat, obwohl partiell defizitorientiert, damals gut funktioniert. Doch mit heutigem Wissen würden wir viel intensiver nach den besten Geschichten über gelungenes Projektmanagement suchen und die Teilnehmer der Konferenz daraus lernen lassen. Denn das Thema »Projektmanagement« gehört, obwohl es in diesem Fall enorme wirtschaftliche Implikationen hatte, ganz klar zum »Organismus«-Aspekt der Organisation. Es wäre förderlich gewesen, diesem Organismus bewusst zu machen, dass er die Fähigkeit zum großartigen Projektmanagement eigentlich schon beherrscht – und nur noch nicht konsequent genug umsetzt.

Mit »Geschäft« bezeichnen wir den Teil einer Organisation, zu dem die so genannten »harten Faktoren« zählen: Produkte, Märkte, Technik, Finanzen, Strukturen und anderes mehr. In diesem Bereich ist es sehr wohl richtig, die Diskrepanz zwischen Ziel und Realität deutlich herauszustellen. Das Ziel sind zum Beispiel 20 Prozent Marktanteil, 100.000 verkaufte Einheiten, 500.000,- Euro Umsatz oder fünf neue Produkte pro Jahr. Dann muss man wissen, wo die Firma heute genau steht, um Energie für eine Veränderung zu mobilisieren. In diesem Fall ist die heutige Realität kein Mangel oder »Defizit«. Denn wenn wir beispielsweise feststellen, dass es erst drei von den angestrebten fünf Vertriebsniederlassungen gibt oder dass die Vertriebsmitarbeiter noch nicht in der neuesten Variante der Beratungssoftware geschult wurden oder die

»Geschäft«

Trends im Umfeld sich so entwickeln, dass neue Vertriebswege alte ablösen oder die Lieferzeit 18 Wochen beträgt, die Kunden sich aber 15 Wochen wünschen, dann sind das Aussagen über die Realität und kein Mangel oder Defizit. Wird dagegen beispielsweise die Kundenorientierung als »unzureichend« oder als »Schwäche« bezeichnet, dann steckt darin eine Bewertung, die diese Kundenorientierung und die dahinter stehenden Menschen als defizitär erscheinen lässt.

Strategie betrifft »Organismus« und »Geschäft«

Vereinfacht ausgedrückt lässt sich sagen, dass es dort, wo es um »Dinge« geht, sinnvoll ist, den momentanen Status – das Ist – dem Zielzustand objektiv und ohne Bewertung gegenüberzustellen. Dort, wo es um »Menschen« geht, ist es besser, deutlich zu machen, welches Potenzial in ihnen steckt. Diese Trennung ist allerdings weder wissenschaftlich streng zu ziehen noch in der Praxis immer einfach. Wenn man sich beispielsweise mit der Strategie für eine Organisation beschäftigt, geht es sowohl um Dinge als auch um Menschen, also sowohl um den »Organismus« als auch um das »Geschäft«. Soll man hier nun den Fokus auf die harten Faktoren oder auf das Potenzial richten?

Die Antwort heißt: auf beides. In einem Strategieentwicklungsprozess muss die bestehende Realität vollständig und ohne Bewertung wahrgenommen und den angestrebten Zielen gegenübergestellt werden. Es ist unseres Erachtens aber nicht hilfreich, die Schwächen der Organisation herauszuarbeiten, wie das sehr gerne im Rahmen der strategischen Planung gemacht wird. Es reicht, eine Gewissheit der Stärken und Einmaligkeit der Organisation zu haben, um eine Strategie zu entwickeln. AI kann hier zusätzlich zu anderen Instrumenten gute Dienste leisten.

Ein weiteres Beispiel soll helfen, den Unterschied deutlich zu machen, wann es mehr um den »Organismus«, also den »Menschen«, und wann es mehr um das »Geschäft«, also die »Dinge«, geht.

In Konferenzen, in denen viele Mitarbeiter für gemeinsame Ziele aktiviert werden sollen, beziehen wir immer wieder Kunden mit ein. Diese Kunden erklären dann beispielsweise recht deutlich, dass das Unternehmen eine Lieferzeit von 18 Wochen hat, während die Konkurrenz bereits in 13 Wochen liefern kann. Das ist ein Aspekt des »Geschäfts« – wertfrei –, der aufrüttelt. Die gleichen Kunden erfahren im Alltag meist auch etwas über den »Organismus« des Unternehmens, beispielsweise dass interne Abläufe des Unternehmens chaotisch vonstatten gehen, dass sich Mitarbeiter gegenseitig behindern und dadurch viel Zeit verloren geht. Doch so dürfen das die Kunden in der Konferenz in der Regel nicht äußern. Denn die Botschaft »Ihr behindert Euch gegenseitig« ist, selbst wenn sie durch ein »oft« oder »manchmal« relativiert wird, eine Bewertung – sogar eine Abwertung –, die eine Defizit-Wahrneh-mung bei den Zuhörern verstärkt.

Dass in dieser Hinsicht Mängel herrschen, muss in der Regel gar nicht gesagt werden, weder von Externen noch von Internen. Denn die Mitarbeiter selbst wissen um die Defizite. Wer jemals eine Organisation erlebt hat, in der Kun-denaufträge von mehr als einer Person arbeitsteilig erledigt werden, weiß, dass jede dieser Personen spielend ein Dutzend Geschichten über Fälle erzäh-len kann, in denen etwas schief lief. Die Wahrnehmung, dass etwas nicht in Ordnung ist, ist oft überwältigend groß.

Der momentane Status der »Dinge« – seien es interne oder externe Fakten wie Markttrends und Kundenanforderungen – ist dagegen häufig nicht so klar erkennbar und sollte deutlich gemacht werden.

Wenn Energie für Veränderung erzeugt werden soll, lässt sich das, was zu tun ist, immer auf einen einzigen Nenner reduzieren: Es geht darum, den Be-teiligten zu helfen, *klarer zu sehen*. Manchmal muss man ihnen dabei helfen, Veränderungen im Umfeld besser erkennen zu können. Die besondere Stärke von AI besteht darin, dass die Beteiligten leichter erfassen können, welches Potenzial in ihnen steckt, dass sie das erreichen können, wohin sie hingelan-gen wollen.

Es geht immer darum, klarer zu sehen

Wer einen Veränderungsprozess in Gang setzen will, muss sich jedoch be-wusst machen, ob nicht weitere Aspekte der Realität klarer gesehen werden müssen, ob man sich vielleicht sogar ausschließlich auf diese Aspekte konzen-trieren sollte. So kann es sein, dass nach einer Fusion das Alte noch verab-schiedet werden muss. Oder es kann sein, dass die Beteiligten nicht genug darüber wissen, was die Kunden von ihnen fordern. Hier hat die Methode AI ihre Grenzen. Dazu können Prozesse oder Konferenzen gestaltet werden, die AI-Elemente enthalten. Jedoch sollten in der Regel auch noch weitere Baustei-ne vorhanden sein.

Ausblick

Appreciative Inquiry wurde in diesem Buch als Werkzeug der Veränderung beschrieben. Doch es ist weit mehr als das. Wir könnten uns zum Ziel setzen, unser Unternehmen zu einer *wertschätzenden Organisation* zu machen (bzw. entdecken zu lassen, dass das heute teilweise schon der Fall ist). Darunter verstehen wir eine Organisation, in der alle Systeme, Prozesse und Rituale darauf ausgerichtet sind, eine wertschätzende Wahrnehmung des bestehenden *Besten* zu erzeugen. Die meisten Unternehmen sind eher stark im Gegenteil: Sie beherrschen es, das Negative hervorzuheben. *Exception reporting* ist zumindest im Bereich des Controllings zum Schlagwort dafür geworden. In fast allen Besprechungen, Meetings und Sitzungen stehen die Probleme im Vordergrund. In Präsentationen werden die Ziele aufgezeigt, die nicht erreicht wurden. Allerorten werden Erfolge nicht gefeiert, häufig nicht einmal richtig wahrgenommen.

Die wertschätzende Organisation

Eine *wertschätzende Organisation* ist stark in selektiver Wahrnehmung des bestehenden Besten. Sie betont das, was bereits funktioniert. Sie hat die Affirmation des Positiven zur Methode gemacht.

Das kann sich niederschlagen im Berichtswesen, in Beurteilungssystemen, in der Orientierung neuer Mitarbeiter, in Mitarbeiterbefragungen, in Planungssystemen und vielem anderen mehr. Meetings können rituell damit beginnen, über Erfolge, positive Erlebnisse oder gute Leistungen zu berichten. Die interne Kommunikation kann einen Schwerpunkt darauf setzen, vorbildliche Geschichten zu verbreiten. Und vielleicht werden wir uns künftig in Organisationen via Intranet mit guten Erzählungen inspirieren.

Wenn wir unsere Gesellschaft betrachten, gilt das Gleiche. Wir werden überwältigt mit Informationen über Dinge, die nicht funktionieren: Katastrophen, Kriege, Skandale, Verbrechen. Wir sehen, was alles um uns herum zusammenbricht. Zumindest können wir es sehen, wenn wir nur die Zeitung aufmerksam lesen.

Positiver denken in unserer Gesellschaft

Wovon wir kaum etwas erfahren, das sind die Durchbrüche – kleine oder große Innovationen, die Personen, Initiativen oder Organisationen in vielen Lebensbereichen erfolgreich umsetzen. Wir hören und lesen im Allgemeinen zu wenig über das, was uns stärkt und uns Mut macht. Die Folge ist zwar nicht unbedingt Mutlosigkeit, doch unser Spirit könnte viel kraftvoller sein, als er sich heute zeigt.

AI im direkten Umfeld   Der wertschätzende Ansatz von AI ist auch im Kleinen sehr sinnvoll, unter Kollegen, Freunden, in der Partnerschaft oder Familie. Kollegen können sich gegenseitig regelmäßig wertschätzende Dinge über ihre Person und Arbeit mitteilen. Sie können sich mit wertschätzenden Fragen darin unterstützen, neue Aufgaben, schwierige Situationen und Herausforderungen zu meistern. In der Partnerschaft kann beispielsweise wertschätzend erkundet und verstanden werden, was eine gute Partnerschaft für beide Partner ausmacht und wie man das erreichen möchte. Oder eine Familie erfährt durch Interviews mehr über die Familienmitglieder und deren Wünsche an das Familienleben. Hierzu gibt es unzählige Beispiele.

Überall dort, wo Menschen zusammentreffen, kann der Blick auf das Positive dieser Menschen gerichtet werden, nicht nur durch wertschätzende Interviews, sondern auch durch eine wertschätzende Haltung. Daher möchten wir mit einem Appell enden: Lassen Sie uns immer daran denken, das Beste in uns zu sehen.

Anhang

Das AI-Basisinterview

Das folgende Interview wird im Planungsworkshop zu Beginn eines AI-Prozesses eingesetzt. Es dient dazu, die Beteiligten mit den Grundlagen und dem Prozess von Appreciative Inquiry vertraut zu machen und die Kernthemen für den späteren Prozess zu erarbeiten. Der endgültige Interviewleitfaden ist erheblich länger als dieser, denn er enthält natürlich zusätzliche Fragen zu den Kernthemen.

Ihr Start bei der Organisation

Erzählen Sie mir bitte, wie Sie die Anfangszeit bei dieser Organisation empfunden haben:

❖ Wann kamen Sie zum Unternehmen?
❖ Was hat Sie zur Organisation hingezogen?
❖ Was waren Ihre ersten Eindrücke und was hat Sie bereits am Anfang begeistert, als Sie zu uns kamen?

Ihre herausragend positive Erfahrung

Während Ihrer Zeit bei der Organisation haben Sie höchstwahrscheinlich Höhen und Tiefen erlebt. Ich möchte Sie bitten, sich nun an einen Zeitraum zu erinnern, der für Sie ein echter Höhepunkt war, eine Zeit, in der Sie besonders begeistert waren, sich außerordentlich wohl und lebendig fühlten und in der Sie sich einbringen und etwas bewirken konnten. Ich möchte, dass Sie sich an eine herausragend positive Erfahrung erinnern. Gleichgültig, ob aus der jüngeren oder ferneren Vergangenheit. Erzählen Sie mir bitte nur diese Geschichte.

❖ Was ist genau geschehen?

❖ Wer war dabei wichtig? Und warum?

❖ Was hat es zu einer herausragenden Erfahrung gemacht?

❖ Welche Faktoren bei der Organisation machten dieses Gipfelerlebnis bzw. diese großartige Phase möglich? (Wenn Ihrem Partner nur wenig einfällt, prüfen Sie einzelne Themen wie Führung, Strukturen, Systeme, Anreize, Regelungen, Aufgabenstellungen, Strategie, Weiterbildungsmöglichkeiten, Kollegen, Beziehungen, Werkzeuge, Infrastruktur usw.)

❖ Was ist daraus für unsere Zukunft zu lernen?

Wertschätzung Ihrer Arbeit und Ihrer Person

Lassen Sie uns jetzt über einige Dinge sprechen, die Sie in Bezug auf sich selbst und auf Ihre Organisation am meisten wertschätzen.

❖ Ohne zu bescheiden zu sein, was schätzen Sie an sich selbst am meisten – als Mensch, als Freund, als Kollege, als Vater oder Mutter usw.?

❖ Was schätzen Sie am meisten an Ihrer Arbeit?

❖ Was schätzen Sie am meisten an Ihrer Organisation?

❖ Was ist der wichtigste Beitrag, den das Unternehmen bislang für Ihr Leben geleistet hat? Und den es für die Welt geleistet hat?

Belebende Faktoren

❖ Was sind Ihrem Erleben nach Schlüsselfaktoren, die der Organisation Vitalität, Lebendigkeit und Stärke geben?

❖ Geben Sie einige Beispiele dafür, wie Sie diese Schlüsselfaktoren bei uns erleben.

Wenn ein Wunder geschähe

Stellen Sie sich vor, über Nacht ist ein Wunder geschehen. Sie wachen morgens auf und alles passt für Sie zusammen. Das Unternehmen ist sehr erfolgreich und steht in jeder Hinsicht in voller Blüte. Unsere Kunden, Partner und wir, die Mitarbeiter, sind begeistert. Welche drei Dinge sind über Nacht verändert worden, die die Vitalität, Lebendigkeit und den Erfolg von der Organisation nachhaltig gestärkt haben?

Wozu sind wir berufen?

Was müssten wir als Organisation erreichen (für die Kunden, für die Welt, für …), wie müssten wir werden, damit Sie sagen könnten: »Meine Mitarbeit hier ist für mich wertvoll und bereichernd«?

AI-Interview für ein Bergbau-Unternehmen

Fragenblock 1: das Unternehmen

Ihr Start beim Unternehmen

Um zu beginnen, erzählen Sie mir bitte von Ihrer Anfangszeit in diesem Unternehmen:

* ❖ Wann kamen Sie zum Unternehmen?
* ❖ Was hat Sie ursprünglich zu diesem Unternehmen hingezogen?
* ❖ Was waren Ihre ersten Eindrücke und was hat Sie am Anfang begeistert, als Sie zu uns kamen?

Ihre herausragend positive Erfahrung

Während Ihrer Zeit im Unternehmen haben Sie wahrscheinlich Höhen und Tiefen erlebt. Ich möchte Sie bitten, sich an einen Zeitraum zu erinnern, der für Sie ein echter Höhepunkt war, eine Zeit, in der Sie besonders begeistert waren, sich besonders wohl und lebendig fühlten und in der Sie sich einbringen und etwas bewegen konnten. Ich möchte, dass Sie sich an eine herausragend positive Erfahrung erinnern. Gleichgültig, ob aus der jüngeren oder ferneren Vergangenheit. Erzählen Sie mir bitte diese Geschichte.

* ❖ Was ist genau geschehen?
* ❖ Wer war dabei wichtig? Und warum?
* ❖ Was hat es zu einer herausragenden Erfahrung gemacht?
* ❖ Welche Faktoren bei diesem Unternehmen machten dieses Gipfelerlebnis bzw. diese großartige Phase möglich? (Wenn Ihrem Partner nur wenig einfällt, prüfen Sie Themen wie Führung, Strukturen, Systeme, Anreize, Regelungen, Aufgaben, Strategie, Training, Kollegen, Beziehungen, Werkzeuge, Infrastruktur …)
* ❖ Was ist daraus für unsere Zukunft zu lernen?

Fragenblock 2: die Kernthemen, um die es in dieser Konferenz geht

Wir: das Team »Unternehmen«

Wir wollen ein großartiges Team sein – in jeder Abteilung, in jedem Betrieb, in jedem Ressort sowie als Unternehmen insgesamt. Mit diesem Ansatz haben wir in der Vergangenheit schon einiges erreicht. Auch für die Zukunft bleibt er wichtig. Erinnern Sie sich bitte an eine Teamleistung, die Sie bei diesem Unternehmen persönlich erlebt bzw. von der Sie gehört haben – gleich, ob es eine kleine oder eine große Teamleistung war. Was ist genau geschehen?

❖ Was machte diese Teamleistung möglich?
❖ Welche Maßnahmen können wir ergreifen, um den Teamgedanken und die Zusammenarbeit zu fördern in abteilungsinternen Teams, in Projektteams sowie funktions- und betriebsübergreifend?

Verantwortung und Entscheidungskompetenz »vor Ort«
und auf allen Ebenen

Die Menschen vor Ort – auf den verschiedenen Ebenen – kennen Anlagen, Systeme, Historie, Stärken und Schwächen des Unternehmens und der Mitmenschen am besten. Indem wir den Mitarbeitern übergeordnete Informationen und die wirtschaftlichen Rahmenbedingungen ihres Handelns vermitteln, versetzen wir sie in die Lage, Entscheidungen zu treffen und Verantwortung zu übernehmen. Damit ermöglichen wir ein hohes Maß an Kreativität und Motivation. Daraus ergibt sich ein optimales Betriebsergebnis.

❖ Wo haben Sie beim Unternehmen Erfolge erlebt, die sich auf die Übertragung und Übernahme von Verantwortung gründeten? Wie haben Sie diese Erfolge erlebt?
❖ Erinnern Sie sich an einen Fall, wo einer der zentralen Bereiche dieses Unternehmens sich als Dienstleister für den Prozess vor Ort verstand und Entscheidungen vor Ort ermöglichte. Was ist genau geschehen?
❖ Was können wir tun, um unseren Mitarbeitern mehr als bisher eigenverantwortliches Handeln vor Ort zu ermöglichen?
❖ Was können die zentralen Bereiche unternehmen, um Verantwortung und Entscheidungskompetenz zu ermöglichen und sich als Dienstleister für den Prozess vor Ort zu verstehen?

Glaubwürdige Kommunikation wirkt Wunder

Als Unternehmen geht es uns darum, glaubwürdig zu sein – gerade in einer kritischen Zeit. Wir wollen alle Mitarbeiter schnell und umfassend über neue Entwicklungen und Änderungen informieren. Wir wollen Zusagen einhalten. Und wir wollen eine ehrliche und offene Kommunikation zwischen Vorgesetzten und Mitarbeitern schaffen.

❖ Erinnern Sie sich bitte an einen Fall, wo Sie im Unternehmen eine besonders offene und glaubwürdige Kommunikation erlebt haben – ganz gleich ob im Kleinen oder im Großen. Was ist genau geschehen?

❖ Wie haben Sie und andere die Wirkung dieser Kommunikation oder Information erlebt?

❖ Was können wir künftig noch besser machen, damit Informationen vollständig und an alle Mitarbeiter gelangen?

❖ Welche zusätzlichen Maßnahmen können die Glaubwürdigkeit des Managements und die Vertrauensbasis zwischen Mitarbeitern und Management verbessern?

Zukunftssicherung durch Nachwuchsförderung

Qualifizierte Mitarbeiter bilden die wesentliche Voraussetzung für den Erfolg unseres Unternehmens. Dies wollen wir durch vorausschauende betriebsorientierte Qualifizierungsmaßnahmen (zum Beispiel Seminare, Projektarbeiten) erreichen. Daneben besteht in der heutigen Zeit ein wichtiger Teil der Nachwuchsförderung auch darin, sicherzustellen, dass das Know-how unserer ausscheidenden Kollegen möglichst gut auf die jüngeren übertragen wird. Und wir brauchen jüngere Kollegen, um qualifizierte Positionen optimal besetzen zu können.

❖ Welche Situationen oder Maßnahmen haben Sie bei diesem Unternehmen erlebt (oder davon erfahren), die in vorbildlicher Weise den Nachwuchs förderten und/oder sicherstellten, dass Know-how von ausscheidenden Kollegen auf jüngere weitergegeben wurde?

❖ Was können wir noch tun, um die Nachwuchsförderung im Unternehmen zu verbessern?

❖ Was können wir machen, damit das Know-how von ausscheidenden Kollegen möglichst gut auf jüngere übergeht?

Führen mit Vertrauen

Führen mit Vertrauen bedeutet die Delegation von Aufgaben durch klare Absprache von Zielen statt der Vorgabe sämtlicher Einzelschritte. Das setzt voraus, dass die Mitarbeiter neben der erforderlichen Qualifikation über die notwendigen Informationen und Gestaltungsspielräume verfügen.

❖ Erzählen Sie von einem markanten Beispiel für erfolgreiche Führung mit Vertrauen beim Unternehmen.
  – Was ist genau geschehen?
  – Was hat der Vorgesetzte getan?
  – Was hat der Mitarbeiter gemacht?
❖ Was können Sie konkret ab Montag tun, um das Führen mit Vertrauen zu fördern?
❖ Was können wir alle tun, um das Führen mit Vertrauen zu fördern?

Fragenblock 3: Zukunft und Aktion

Wenn ein Wunder geschähe

Stellen Sie sich vor, über Nacht sei ein Wunder geschehen. Sie wachen morgens auf und alles passt für Sie zusammen. Das Unternehmen ist sehr erfolgreich auf dem Weg, die gesetzten Ziele zu erreichen. Wir sind zwar nicht begeistert, weil wir immer noch rationalisieren müssen. Doch wir sind sehr zufrieden, dass dies auf einem sowohl wirtschaftlich wie menschlich guten Weg geschieht. Welche drei Dinge haben sich an der Art und Weise, wie wir in diesem Unternehmen arbeiten, über Nacht verändert?

Was wir und Sie tun könnten

❖ Was könnten wir kurzfristig tun, damit das von Ihnen gewünschte Wunder geschieht?
❖ Was könnten Sie persönlich ab Montag tun, damit das von Ihnen gewünschte Wunder sich ereignet?
❖ Welche Zeichen (zum Beispiel kleine Gesten mit großer Wirkung) kann der Vorstand setzen, damit noch glaubhafter wird, dass ihm an einer Weiterentwicklung der Unternehmenskultur gelegen ist?

AI-Interview für das Privatkundengeschäft einer Bank

Fragenblock 1: Unternehmen

Ihr Start bei der Bank

Um zu beginnen, erzählen Sie mir bitte von Ihrer Anfangszeit bei der Bank:

- ❖ Wann kamen Sie zu unserer Bank?
- ❖ Was hat Sie zu unserer Bank hingezogen?
- ❖ Was waren Ihre ersten Eindrücke und was hat Sie am Anfang begeistert, als Sie zu uns kamen?

Ihre herausragend positive Erfahrung

Während Ihrer Zeit bei der Bank haben Sie wahrscheinlich Höhen und Tiefen erlebt. Ich möchte Sie für einen Moment bitten, sich an einen Zeitraum zu erinnern, der für Sie ein echtes Highlight war, eine Zeit, in der Sie besonders begeistert waren, sich besonders lebendig fühlten und in der Sie sich einbringen konnten. Ich möchte, dass Sie sich an eine herausragend positive Erfahrung erinnern. Gleichgültig, ob aus der jüngeren oder ferneren Vergangenheit. Erzählen Sie mir bitte diese Geschichte.

- ❖ Was ist genau geschehen?
- ❖ Wer war dabei wichtig? Und warum?
- ❖ Was hat es zu einer herausragenden Erfahrung gemacht?
- ❖ Welche Faktoren bei der Bank machten dieses Gipfelerlebnis bzw. diese großartige Phase möglich? (Wenn Ihrem Partner nur wenig einfällt, sprechen Sie Themen an wie Führung, Strukturen, Systeme, Anreize, Regelungen, Aufgaben, Strategie, Training, Kollegen, Beziehungen, Werkzeuge, Infrastruktur usw.)

Wertschätzung Ihrer Arbeit und Ihrer Person

Lassen Sie uns jetzt über einige Dinge sprechen, die Sie in Bezug auf sich selbst und auf die Bank am meisten wertschätzen.

❖ Ohne zu bescheiden zu sein, was schätzen Sie an sich selbst am meisten – als Mensch, als Freund, als Kollege, als Vater oder Mutter, als Bürger usw.
❖ Wenn Sie sich bei Ihrer Arbeit gut fühlen, was schätzen Sie dann an ihr am meisten?
❖ Was schätzen Sie am meisten an der Bank?
❖ Was ist der wichtigste Beitrag, den die Bank bislang für Ihr Leben geleistet hat?

Fragenblock 2: die Kernthemen, um die es in dieser Konferenz geht

Führung als Coaching

Gutes Coaching spielt eine große Rolle für den Erfolg unserer Bank. Die Erfahrung zeigt, dass wir da am Markt am meisten erreichen, wo unsere Führungskräfte ihre Mitarbeiter am besten anleiten. Erinnern Sie sich bitte an eine Zeit, als Sie einmal bei uns oder einer anderen Bank herausragende Anleitung bzw. Führung erlebt haben, sei es, dass Sie selbst direkt dabei waren oder dass Sie sie in Ihrer Nähe beobachtet haben.

❖ Was ist genau geschehen?
❖ Warum fanden Sie diese Art der Führung bzw. Anleitung so positiv?
❖ Wurde nach einer (möglicherweise nicht sofort sichtbaren) Systematik vorgegangen? Wurden irgendwelche Instrumente / Werkzeuge benutzt?
❖ Welche Rahmenbedingungen (Umgebungsfaktoren) machten diese besonders gute Führung oder Anleitung möglich?

Aktiver Vertrieb

Ein aktiver Vertrieb wird für uns immer wichtiger. Denn unsere Kunden haben für ihre Bankgeschäfte mehr und mehr Alternativen zur Auswahl.

❖ Wo haben Sie in der Bank besonders wirkungsvolle Vertriebsmaßnahmen beobachtet? Beschreiben Sie diese.

❖ Was war Ihre eigene wirkungsvollste Vertriebsmaßnahme?

❖ Wo haben Sie in der Bank besonders wirkungsvolle Arbeitsweisen und Einstellungen im Vertrieb beobachtet?

❖ Welche Rahmenbedingungen (Umgebungsfaktoren) machten diese besonders guten Vertriebsmaßnahmen und Arbeitsweisen möglich?

❖ Wo haben Sie in anderen Banken besonders wirkungsvolle Vertriebsmaßnahmen beobachtet bzw. davon gehört? Beschreiben Sie diese.

❖ Was können wir daraus für unsere Zukunft lernen? Was könnten wir tun, um unseren Vertrieb zu revolutionieren?

Einführung neuer Produkte: Wir legen Tempo vor

Bekanntlich fressen nicht die Großen die Kleinen, sondern die Schnellen die Langsamen. Daher wollen auch wir schnell sein. Und das insbesondere bei der Einführung neuer Produkte. Unsere Kunden sollen uns als innovatives Bankinstitut wahrnehmen – eines, das den anderen immer eine Nasenlänge voraus ist.

❖ Was tut die Bank bereits jetzt, damit neue Produkte rasch vertrieben werden (können)?

❖ Welche Vorgehensweisen, Methoden, Einstellungen beobachten Sie bei den Kolleginnen und Kollegen, die sich immer sehr schnell mit neuen Produkten vertraut machen und diese dann aktiv verkaufen?

❖ Was könnten wir tun, um insgesamt bei der Einführung neuer Produkte noch schneller zu sein – natürlich unter Beibehaltung unserer Beratungsqualität?

Kraftvolle Präsenz der Filialen im lokalen Markt

Unser Erfolg entsteht auch dadurch, dass unsere Filialen kreative Wege finden, um sich gegenüber unseren Kunden und der Öffentlichkeit darzustellen. Beiden wollen wir »Aha-Erlebnisse« vermitteln, also Dinge tun, bei denen die Kunden aufmerken werden und sich sagen, so etwas kann eben nur von der Bank kommen.

❖ Was war aus Ihrer Sicht die beste Maßnahme zur Außendarstellung vor Ort, die Sie bei der Bank erlebt haben?
❖ Wie haben Sie dieses Ereignis erlebt? Was haben Sie dabei empfunden? Wie haben die anderen Beteiligten es erlebt?
❖ Was könnten wir noch tun, um eine kraftvolle Präsenz der Filialen im lokalen Markt zu erreichen?

Die Filiale als Team

Erst Teamarbeit ermöglicht, dass wir gegenüber unseren Kunden optimale Leistung erbringen. Das gilt für die Teamarbeit zwischen den verschiedenen »Disziplinen« in den Filialen und Niederlassungen ebenso wie für die Teamarbeit zwischen der Zentrale und den marktnahen Bereichen.

❖ Wo haben Sie in der Bank einmal optimale Teamarbeit erlebt?
❖ Wer war dabei und hat welchen Beitrag geleistet?
❖ Welcher Erfolg wurde durch diese Teamarbeit ermöglicht?
❖ Welche Rahmenbedingungen haben diese besondere Teamarbeit möglich gemacht?

Fragenblock 3: Zukunft

Wenn ein Wunder geschähe

Stellen Sie sich vor, über Nacht sei ein Wunder geschehen. Sie wachen morgens auf und alles passt für Sie zusammen. Der Unternehmensbereich Privatkundengeschäft der Bank ist die Vorzeigeorganisation in der deutschen Bankenwelt schlechthin. Ihre Vertriebserfolge sind legendär. Alle Mitarbeiter sind von Ihrer Organisation begeistert. Sie sind stolz, dabei zu sein.

Welche »Dinge« gibt es jetzt, die die Vitalität, Gesundheit und den Erfolg des Unternehmensbereichs Privatkundengeschäft der Bank nachhaltig gestärkt haben? Welche drei Dinge kommen Ihnen zuerst in den Sinn?

Ablauf eines Planungsworkshops für einen AI-Prozess oder AI-Summit

Erster Tag		
Zeit	**Was?**	**Wer?**
11.30	Eintreffen der Teilnehmer und Imbiss	
12.00	Begrüßung Vorstellungsrunde	
12.30	**Einführung** ❖ Zielsetzung AI-Prozess bzw. Summit ❖ Bisheriger Prozess	Auftraggeber

12.50	**Grundlagen (1)**
	❖ Darlegung der Rolle des Planungsteams
	❖ Einführung in die Großgruppenarbeit
	  (wenn es um einen AI-Summit geht)
	❖ Video zur Großgruppenarbeit
	  (wenn es um einen AI-Summit geht)
	❖ Fragen der Teilnehmer
		Moderator
		....
		....

14.15	**Wertschätzende Diagnose (1)** ❖ Kurze Einführung, Paare bilden ❖ AI-Interviews durchführen	In Paaren
15.30	Pause	
15.50	**Grundlagen (2)** Einführung in AI	Moderator
16.10	**Wertschätzende Diagnose (2)** ❖ Anmoderation, Sechsergruppen bilden ❖ Höhepunkte der Interviewpartner vor- stellen ❖ Muster herausarbeiten	In Sechsergruppen
17.00	**Präsentation im Plenum** Zusammenfassen der *belebenden Faktoren*	
18.00	Ende	

Zweiter Tag		
Zeit	**Was?**	**Wer?**
8.30	**Wertschätzende Diagnose (3)** ❖ Anmoderation, Sechsergruppen bilden ❖ Visionieren: Organisation in fünf Jahren (Fragen »Wenn ein Wunder geschähe« und »Wozu wir berufen sind« aus AI-Interview – siehe S. 94 – auswerten)	In Sechsergruppen
9.20	**Präsentation im Plenum** Rangliste erstellen	
9.50	**Zielsetzung des AI-Prozesses bzw. AI-Summits (1)** Ideen und Gedanken sammeln	
10.10	Pause	
10.30	**AI-Kernthemen identifizieren** ❖ Input Kernthemen ❖ Kernthemen identifizieren	In Sechsergruppen
11.10	**Präsentation im Plenum** ❖ Prioritäten setzen ❖ Kernthemen präzise formulieren	
11.50	**Fragen für das AI-Interview formulieren** ❖ Input »Gute Fragen« ❖ Fragen für jeweils ein Kernthema formulieren	In Vierergruppen
13.00	Mittagessen	
14.15	Präsentation der Fragen	
14.25	**Zielsetzung des AI-Prozesses bzw. AI-Summits (2)** ❖ Entwurf der Moderatoren vorstellen ❖ Entwurf verbessern	Moderation
15.00	**Diskussion Auswahlverfahren der Teilnehmer** ❖ Vorstellung der Möglichkeiten ❖ Diskussion der Optionen	Moderation
16.30	Reserve, Fragen, Feedback, Verabschiedung	
17.00	Ende	

Ausschnitt aus einem AI-Bericht

In einem Werk der Deutschen Post haben ein Jahr nach einer Real-Time-Strategic-Change (RTSC)-Konferenz und wenige Wochen vor einer Nachfolgeveranstaltung insgesamt ungefähr 300 Mitarbeiter gegenseitig wertschätzende Interviews durchgeführt. Die Ergebnisse wurden in einem Bericht für die anstehende Konferenz mit 400 Mitarbeitern zusammengefasst. Eines der Kernthemen, um die es in dem AI-Prozess ging, war *Führung*.

Im Folgenden finden Sie Zitate von den Mitarbeitern zu diesem Kernthema. Zu Ihrer Information: Diese Mitarbeiter üben meist manuelle Tätigkeiten aus und arbeiten alle im Mehrschichtbetrieb. Zum großen Teil sind sie Ausländer.

❖ »Bei all meinen Arbeiten und Aufträgen hat man mir völlig freie Hand gelassen, um die gesetzten Ziele zu erreichen. Das stärkt mein Selbstvertrauen und die Eigeninitiative.«

❖ »Nach einer Gesundheitsaktion in der Abteilung 21 bedankte sich der Abteilungsleiter bei den Organisatoren/Helfern der Aktion persönlich mit Handschlag und das, obwohl sie bestimmt tausend andere Termine auch außer Haus hatten. Dadurch Anerkennung der Arbeit und Steigerung der Zufriedenheit.«

❖ »Ich fand es sehr gut, dass mein Abteilungsleiter hinter mir gestanden hat, als ich einmal einen großen Fehler gemacht habe. Er hat sich konstruktiv mit mir auseinander gesetzt, um künftig solche Fehler zu vermeiden.«

❖ »Wir hatten Rückstände. Und da kam der Gruppenleiter zu mir und fragte, ob ich länger arbeiten würde. Ich fand es gut, dass er zu mir kam und fragte, und dann hat sich der Gruppenleiter bei jedem bedankt, der mitgearbeitet hat, das fand ich echt Klasse.«

❖ »Durch meine vollbrachten Leistungen wurde ich von meinem Vorgesetzten gelobt. Das ist hier in diesem Haus allerdings nicht selbstverständlich. Durch das Lob, das ich erfuhr, wurde ich selbstsicherer und selbstständiger. Sein Vertrauen war da und das gab mir sehr viel.«

❖ »Als ich ins Krankenhaus kam, bekam ich täglich Anrufe und Besuche von Führungskräften und Kolleginnen und Kollegen. Das war das Schönste und ich wollte so schnell wie möglich wieder gesund werden.«

❖ »Bei einem Fehler, der nicht sofort zu finden war, hat sich der Gruppenleiter direkt mit eingeschaltet und hat geholfen, die Behälter durchzuschleusen. Er war sich nicht zu schade für diesen Job. Damit hat er den Betrieb wieder flottgemacht und Rückstände durch seine Mithilfe vermieden.«

❖ »Ich finde es positiv, dass sich zunehmend um die Beschäftigten gekümmert wird. Es werden keine Geburtstage vergessen und persönliche Gespräche werden gesucht. Es wird einem mehr Aufmerksamkeit entgegengebracht.«

❖ »Die Sachbearbeiterin in meiner Abteilung war für mich eine wichtige Ansprechpartnerin, weil sie zur richtigen Zeit da war, als ich jemanden gebraucht habe (Familienprobleme). Sie hat mich moralisch und psychisch unterstützt. Das Arbeitsleben hat sich dadurch auch verbessert.«

❖ »Er (ein Vorgesetzter) hat mich bei der Neueinführung von Arbeitsabläufen mitwirken lassen.«

❖ »Ich habe erlebt, wie ein junger Mann seit Monaten souverän die Mitarbeiter anleitet und das gemeinsame Ziel noch nie verfehlte. Seine Führung ist nie Stimmungen unterworfen, ist gleich bleibend und konsequent. Einmal Gesagtes wird nicht mehr zurückgenommen, Fragen werden verständlich erklärt. Es gibt bei ihm eine gute Mischung aus Strenge und Milde. Niemals hat man das Gefühl, bevorzugt oder benachteiligt zu werden.«

❖ »Als es zu einem unverschuldeten Streitfall mit einem Kunden kam, erhielt ich sofort Rückendeckung von meinem Vorgesetzten. Es gab auch spontane Unterstützung aus einer anderen Abteilung. Der Fall konnte für alle zu einem guten Ende geführt werden. Ich fand es großartig, dass mein Vorgesetzter mir dieses Vertrauen entgegengebracht hat.«

❖ »An Frau … begeistert mich, dass sie einem zuhört und sogar bei privaten Problemen hilfsbereit ist. Sie hat mir auch die Chance gegeben, mich hochzuarbeiten und mich zu beweisen. Sie macht keine Ausnahmen. Jeder wird bei ihr gleich behandelt, bekommt die Chance, etwas aus sich zu machen.«

❖ »Ich war begeistert, dass unsere Sachbearbeiterin, Frau …, bei der Kastenleerung einmal mit mir gefahren ist, um einen Eindruck davon zu bekommen. Das hat zuvor noch niemand getan.«

❖ »In einem Team haben sich zwei Kolleginnen gestritten. Der Streit führte sogar dazu, dass beide Kolleginnen das Team verlassen wollten. Die Teambeauftragte ist so lange auf die beiden eingegangen, bis die beiden sich aussprachen und sich dann wieder versöhnen konnten. Keiner wollte dann noch aus dem Team. Diese Art der Führung führt dazu, dass sich die Kollegen gut verstehen. Sie dient der Schaffung einer guten Atmosphäre im Betrieb.«

Ablauf eines AI-Summits

Es gibt für AI-Summits nicht den einzig wahren, richtigen Ablauf. Der folgende Ablauf ist nur ein Beispiel dafür, wie ein AI-Summit gestaltet werden kann. Wir haben ihn entwickelt und als sehr erfolgreich erleben dürfen.

Erster Tag			
Zeit	**Min.**	**Was?**	**Wer? Anmerkungen**
12.00		Ankunft der Teilnehmer, Imbiss	Max-mix-Sitzordnung (maximale Mischung an jedem Tisch)
12.20		Teilnehmer begeben sich in den Raum	
12.30		Begrüßung, Zielsetzung	Vorstand
12.40		Einführung	Moderation
12.50	10 100	**Aus dem Besten der Vergangenheit lernen (1)** ❖ Anmoderation ❖ Interviews in Paaren	
14.40		Pause	
15.00		Input zum Vorgehen von »Appreciative Inquiry«	Moderation
15.15	5 30 5	**Aus dem Besten der Vergangenheit lernen (2)** ❖ Anmoderation ❖ Den jeweiligen Partner mit Höhepunkten aus dem Interview vorstellen, beste Geschichte in der Gruppe auswählen ❖ Reflexion im Plenum: Wie war es?	

	20	❖ Einige beste Geschichten im Plenum erzählen, dabei aus den Geschichten die *belebenden Faktoren* der Organisation heraushören	
	10	❖ Reflexion im Plenum: Wie war es? Was sind die Faktoren, die uns bei dieser Organisation inspirieren?	
	5	❖ Eigene beste Geschichte aufschreiben	
16.30		Pause	
16.45		**Aus dem Besten der Vergangenheit lernen (3)**	
	5	❖ Anmoderation	
	40	❖ Gruppenarbeit: Auswertung der Interviews (jeweils × Gruppen ein Thema), »best practices« auf farbige »Schilder« schreiben und …	
	10	❖ … an die »best-practices-Wand« hängen	
	15	❖ Alle gehen herum und studieren die »best-practices-Wände«	
	5	❖ Einzelarbeit »Was nehme ich für mich mit, was werde ich tun?«	
	5	❖ Austausch in Paaren (gleiche wie beim Interview): »Was werden wir tun?«	
	10	❖ Reflexion im Plenum: Was waren die interessantesten Dinge, die Sie heute gelernt haben?	
18.25		Bewertungsbogen zum ersten Tag ausfüllen	Neue Sitzordnung am nächsten Tag
18.30		Imbiss, Abendessen	
20.00		Ende erster Tag	

Zweiter Tag			
Zeit	**Min.**	**Was?**	**Wer? Anmerkungen**
8.00		Ankunft der Teilnehmer, Kaffee	Neue Max-mix-Sitzordnung
8.20		Teilnehmer begeben sich in den Raum	
8.30	10	❖ Einführung in den Tag ❖ Rückmeldung zur Bewertung des ersten Tages	Moderatoren
8.40 25 10		**Rede zur Gegenwart und Zukunft der Organisation mittels einer »Geschichte«** ❖ Reflexion im Plenum: spontane Reaktionen ❖ Können wir uns vorstellen, mit dieser Geschichte noch mehr Mitarbeiter zu gewinnen?	Vorstand
Alternative, falls es die oben genannte Geschichte nicht gibt:			
8.40 5 20		**Was wir gestern im Team gut gemacht haben** (noch in der gleichen Sitzordnung wie am ersten Tag, danach wechseln) ❖ Anmoderation ❖ Gruppenarbeit: Jeder sagt kurz (zwei Minuten), was ihm an der Arbeit im Team und an den anderen gut gefallen hat	
9.15 5 30 5 5 25		**Geheime Spielregeln** ❖ Anmoderation (1) ❖ Gruppenarbeit (1): geheime Spielregeln identifizieren ❖ Sketch der Planungsgruppe ❖ Anmoderation (2) ❖ Gruppenarbeit (2): Sketch entwerfen	Planungsgruppe
10.20		Pause	
10.40	60	**Sketche präsentieren** (so viele Gruppen präsentieren lassen, wie wollen, nach einer Stunde hört es typischerweise von alleine auf)	Nur Freiwillige, nicht alle
11.40 5		**Zukunftsbilder der Teilnehmer** ❖ Anmoderation	

	20 60	❖ Sammeln der Ideen aus den Interviews ❖ Gruppenarbeit: Zukunftsbild »Wie wir bei der Organisation arbeiten« als »Collage« entwerfen	
13.05		Mittagessen	
13.55		Teilnehmer begeben sich in den Raum	
14.00	 5 40	**Galerie der Zukunft** ❖ Anmoderation ❖ Galerie der Zukunft	
14.45	 10 10 10 70 5	**Zukunftsaussagen formulieren** ❖ Reflexion: Welche Ideen für die Zukunft haben uns besonders gefallen? ❖ Frage an das Plenum: Welche Themen sind außer den fünf Kernthemen in der »Galerie der Zukunft« noch wiederholt aufgetaucht? ❖ Anmoderation, Gruppen wählen sich ein Thema ❖ Gruppenarbeit: Zukunftsaussagen formulieren ❖ Ergebnis an die Wand hängen	Zusätzliche Themen auf Papierstreifen schreiben und an die Wand hängen
16.30		Pause	
16.50	 5 30	**Zeichen, die die Führung setzen könnte** ❖ Anmoderation ❖ Gruppenarbeit	
17.25	 3 7 10	**Was macht jeder selbst?** ❖ Anmoderation ❖ Einzelreflexion mit Aufgabenblatt »Was mache ich selbst?« ❖ In Paaren: sich gegenseitig vorstellen, was jeder persönlich tun will, und sich beraten	
17.45		Reserve	
17.55		Bewertungsbogen zweiter Tag ausfüllen	
18.00		❖ Ende des zweiten Tages, beim Herausgehen Bewertungsbogen abgeben ❖ Anschließend Imbiss, Abendessen ❖ Vorstand wertet die Anregungen für »Zeichen« aus	
20.00		Ende zweiter Tag	

Dritter Tag			
Zeit	**Min.**	**Was?**	**Wer? Anmerkungen**
8.00		Ankunft der Teilnehmer, Kaffee	Großer Stuhlkreis
8.20		Teilnehmer begeben sich in den Raum	
8.30	10	❖ Einführung in den Tag, ❖ Rückmeldung zur Bewertung des zweiten Tages	Moderatoren
8.40		Vorstellung der »Zeichen«	Vorstand
8.50	10 15	**Themen für die Umsetzung nennen** ❖ Anmoderation ❖ Teilnehmer nennen Themen, schreiben sie auf Moderationskarten und hängen sie an die Wand	
9.15	5 110 30	**Maßnahmenplanung in Freiwilligen-gruppe** ❖ Anmoderation ❖ Gruppenarbeit einschließlich Pause ❖ Präsentation als Info-Markt	Schon hier auf neue Sitzordnung für den Nachmittag hinwei-sen
11.45		Mittagessen	
12.25		Teilnehmer begeben sich in den Raum	
12.30		❖ Vorstand betont, dass ihm an der Umsetzung der Ergebnisse des Vormittags sehr gelegen ist ❖ Unterstützungsgruppe steht kurz auf	Vorstand
12.35	5 90 30	**Maßnahmenplanung in Heimatgruppen** ❖ Anmoderation ❖ Gruppenarbeit ❖ Präsentationen (hier wollen typischer-weise viele, aber nicht alle Gruppen präsentieren)	
14.40		Was macht jeder selbst? Einzelreflexion mit Aufgabenblatt »Was mache ich selbst?«	
14.45		Bewertungsbogen »Schlussbewertung« ausfüllen	
14.50		Feedback der Teilnehmer	
15.20		Verabschiedung	Vorstand
15.30		Ende	

Literaturverzeichnis

zur Bonsen, Matthias/Bruck, Walter: Energie für den Wandel. Appreciative Inquiry Summits. In: Management-Berater, Januar 2000, S. 50.

Bushe, Gervase R.: Appreciative Inquiry with Teams. In: The Organization Development Journal, Heft 3/1995, S. 14–22.

Bushe, Gervase R.: Advances in Appreciative Inquiry as an Organization Development Intervention. In: The Organization Development Journal, Heft 3/1998, S. 41–50.

Bushe, Gervase R.: Meaning Making in Teams: Appreciative Inquiry with Pre-Identity and Post-Identity Groups. Unpubliziertes Manuskript 1998.

Cooperrider, David L./Srivastva, Suresh: Appreciative Inquiry in Organizational Life. In: Pasmore, W./Woodman, R. (Hrsg.), Research in Organization Change and Development (Vol. 1, S. 129–169). Greenwich, Connecticut: JAI Press 1987.

Cooperrider, David L.: Positive Image, Positive Action. The Affirmative Basis of Organizing. In: Srivastva, Suresh/Cooperrider, David L. (Hrsg.): Appreciative Management and Leadership. The Power of Positive Thought and Action in Organizations. San Francisco, California: Jossey-Bass 1990.

Cooperrider, David L./Barrett, Frank/Srivastva, Suresh: Social Construction and Appreciative Inquiry. A Journey in Organizational Theory. In: Hosking, D./Dachler, P./Gergen, K. (Hrsg.): Management and Organization. Relational Alternatives to Individualism (S. 157–200). Aldershot, UK: Avebury Press 1995.

Cooperrider, David L.: The »Child« As Agent of Inquiry. In: Organization Development Practitioner, 28(1 & 2) 1996, S. 5–11.

Cooperrider, David L.: Resources for Getting Appreciative Inquiry Started. An Example Organization Development Proposal. In: Organization Development Practitioner, 28(1 & 2) 1996, S. 23–33.

Cooperrider, David L./Whitney, Diana: When Stories Have Wings. How »Relational Responsibility« Opens New Options for Action. In: McNamee, S./Gergen, K. (Hrsg.), Relational Responsibility. Thousand Oaks, California: Sage Publications 1998.

Cooperrider, David L./Whitney, Diana: Collaborating for Change, Appreciative Inquiry. Berrett-Koehler Communications, San Francisco 1999.

Cooperrider, David L./Sorensen, Peter F./Whitney, Diana (Hrsg.): Appreciative Inquiry. Rethinking Human Organization Toward a Positive Theory of Change. Stipes Publishing, Champaign, Illinois 2000.

Cooperrider, David et al.: The Appreciative Organization. Erscheint im Herbst 2001.

Elliott, Charles: Locating the Energy for Change. An Introduction to Appreciative Inquiry. International Institute for Sustainable Development, Canada 1999.

Hammond, Sue: The Thin Book of Appreciative Inquiry. Thin Book Publishing Co., Plano Texas 1998.

Hammond, Sue/Royal, Cathy (Hrsg.): Lessons from the Field, Applying Appreciative Inquiry. Practical Press Inc., Plano Texas 1998.

Head, Robert L.: Appreciative Inquiry as a Team Development Intervention for Newly Formed Heterogeneous Groups. In: Organization Development Practitioner, 1/2000.

Holman, Peggy/Devane, Tom (Hrsg.): The Change Handbook, Group Methods for Shaping the Future. Berrett-Koehler Publishers, San Francisco California 1999.

Lippitt, Ronald: Future Before You Plan. In: NTL Manager's Handbook. NTL Institute, Arlington, Virginia 1983.

Ludema, James/Conny Fuller/Thomas Griffin: Appreciative Future Search. Involving the Whole System in Positive Organization Change. In: Organization Development Journal, Volume 18, no. 2, Summer 2000, S. 29–41.

Maleh, Carole: Aus Erfolgen lernen. Appreciative Inquiry. In: Manager Seminare, Heft 44/2000, S. 90–95.

Maleh, Carole: Appreciative Inquiry. Bestehende Potenziale freilegen und für die Organisation nutzbar machen. In: Zeitschrift für Organisationsentwicklung, Heft 1/2001.

Orr, Bud: Using AI in difficult Situations. A Case Study. In: Appreciative Inquiry Newsletter, issue no. 11, November 2000, S. 7–8.

Polak, Fred: The Image of the Future. Elsevier, New York 1973.

Ricketts, Miriam/Willis, Jim: Appreciative Inquiry and Experiential Learning. Erscheint im Herbst 2001.

Schiller, Marge et al.: Appreciative Leadership. Erscheint im Herbst 2001.

Sloterdijk, Peter: Zur Kritik der zynischen Vernunft. Suhrkamp, Frankfurt./M. 1983.

Spector, Helen/Bradburn, Ray/Dupre, Susan: Future Search and Appreciative Inquiry. In: FutureSearching, Nummer 17, Winter 1999/2000, S. 1–6.

Srivastva, Suresh/Cooperrider, David L.: Appreciative Management and Leadership. The Power of Positive Thought and Action in Organization. Williams Custom Publishing, Euclid 1999.

Watkins, Jane/Mohr, Bernard J.: Appreciative Inquiry. Jossey-Bass/Pfeiffer, San Francisco 2001.

Whitney, Diana/Cooperrider, David L.: The Appreciative Inquiry Summit. An Emerging Methodology for Whole System Positive Change. In: Organization Development Practitioner, 1/2000, S. 13–26.

Whitney, Diana/Trosten-Bloom, Amanda: The Liberation of Power: Exploring how Appreciative Inquiry »Powers Up the People«. Unpubliziertes Manuskript 2000.

Whitney, Diana: Postmodern Principles and Practices for Large Scale Organizational Change and Global Cooperation. In: Organizational Development Journal, Volume 14, Number 4, Winter 1996, S. 53–68.

Internetadressen

Newsletter

Der Appreciative-Inquiry-Newsletter kann bestellt werden unter der Internetadresse www.aradford.co.uk. Er wird als pdf-Datei versandt. Auch frühere Ausgaben können angefordert werden.

Internet

www.aradford.co.uk und www.appreciative-inquiry.org sind internationale Websites zu AI. Für den deutschen Sprachraum wurde die Internetseite www.appreciative-inquiry.de von Walter Bruck gestaltet. Auf der Internetseite www.all-in-one-spirit.de/Literatur finden sich mehrere Artikel über AI-Summits zum Ausdrucken.

Diskussionsforum

An der internationalen Mailing-List zu Appreciative Inquiry können Sie teilnehmen, indem Sie ein Mail mit dem Text »subscribe ailist«, gefolgt von einer Leerzeile, an maiser@business.utah.edu senden.

Artikel von David Cooperrider und Diana Whitney

Eine Auswahl der Artikel von David Cooperrider und Diana Whitney, auf deren Arbeit dieses Buch hauptsächlich basiert, senden wir Ihnen gegen Kostenerstattung gerne zu. Schicken Sie ein Mail an zur.bonsen@all-in-one-spirit.de oder an carole.maleh@cama-institut.de.

Die Autoren

Dr. Matthias zur Bonsen, Jg. 1958, und **Carole Maleh,** Jg. 1967, beide Diplomkaufleute, haben sich mit ihren jeweiligen Unternehmen darauf spezialisiert, Veränderungsprozesse mit Großgruppenverfahren, wie zum Beispiel Open Space, Zukunftskonferenz, Real Time Strategic Change und Appreciative Inquiry einzuleiten und zu steuern. Hierzu haben sie zahlreiche Fachartikel veröffentlicht und bilden regelmäßig Beraterkollegen weiter.

Dr. Matthias zur Bonsen gilt als Pionier für Großgruppeninterventionen im deutschsprachigen Raum. Er ist Autor des Buches »Führen mit Visionen«. Carole Maleh hat zur Verbreitung der Open-Space-Methode wichtige Beiträge geleistet mit ihren Büchern: »Open Space: Effektiv arbeiten mit großen Gruppen« und »Open Space im Einsatz, Praxisbeispiele: Interessante Highlights, problematische Situationen, spannende Ergebnisse«.

Dr. Matthias zur Bonsen
all in one zur Bonsen & Associates
Dalbigsbergstr. 11, 61440 Oberursel
Tel. 06171 / 562 51, Fax 06171 / 562 55
E-Mail: zur.bonsen@all-in-one-spirit.de
Homepage: www.all-in-one-spirit.de

Dipl.-Kff. Carole Maleh
CAMA Institut für Kommunikationsentwicklung
Brehmstr. 38, 30173 Hannover
Tel. 0511 / 283 20 55, Fax 0511 / 811 25 36
E-Mail: carole.maleh@cama-institut.de
Homepage: www.cama-institut.de

Carole Maleh
Open Space:
Effektiv arbeiten mit großen Gruppen
Ein Handbuch für Anwender, Entscheider
und Berater.
156 S. Pappband.
ISBN 3-407-36363-X

Open Space: Diese neue Methode für die Arbeit
mit großen Gruppen bietet ungeahnte Möglichkeiten. Die Veranstaltung steht unter einem Leit-
thema, zu dem die Teilnehmenden selbst die
Initiative ergreifen, es in Einzelthemen aufgliedern
und in Workshops genau die für sie interes-
santen Aspekte behandeln. Das Wissen von
Beteiligten wird unabhängig von Hierarchien
erschlossen. In kürzester Zeit werden Ideen,
Lösungsvorschläge und Maßnahmen entwickelt. So lässt sich ein nachhaltiger Wandel
auf einer breiten Basis durchführen. Open
Space ist interessant für alle, die nach neuen
Arbeitsmethoden suchen, um Beteiligte erfolgreich zu motivieren, Veränderungen vo-
ranzutreiben und langfristige Ergebnisse zu
erzielen.

Aus dem Inhalt:
Open Space in der Anwendung; Der Werk-
zeugkasten; Die Durchführung; Die Open
Space-Praxis; Häufige Fragen.

»Das Handbuch von Carole Maleh gibt einen
ausführlichen Einblick in die Funktionsweisen
der Open Space-Methode sowie Tipps zu
deren Anwendung.« *Personalführung*

»Ausführlich, zugleich aber prägnant und gut
lesbar, wird dargestellt, was die Methode
kennzeichnet, worauf es bei ihr ankommt, mit
welchen Werkzeugen gearbeitet wird, wie sie
durchgeführt, vor- und nachbereitet wird.«
Organisationsentwicklung

»Fazit: Ein sachlicher, durchdachter Praxisleit-
faden, der angehende Konferenzbegleiter
rundherum informiert.« *TRAINING aktuell*

Beltz Verlag · Postfach 100154 · 69441 Weinheim · www.beltz.de

W BELTZ WEITERBILDUNG

Bernd Heckmair **Konstruktiv lernen** Projekte und Szenarien für erlebnisintensive Seminare und Workshops. 132 S. Broschiert. ISBN 3-407-36368-0	Ulrich Lipp / Hermann Will **Das große Workshop-Buch** Konzeption, Inszenierung und Moderation von Klausuren, Besprechungen und Seminaren. 299 S. 170 Abb. Pappband. ISBN 3-407-36375-3	Martin Hartmann / Michael Rieger / Marketta Luoma **Zielgerichtet moderieren** Ein Handbuch für Führungs- kräfte, Berater und Trainer. 156 S. Zahlr. Abb. Pappband. ISBN 3-407-36356-7	Michael Reddy **Mitarbeiter beraten** Kollegiale Hilfe zur Selbsthilfe. 197 S. 20 Abb. Pappband. ISBN 3-407-36328-1

Konstruktiv lernen, ein
Lernen, das alle Sinne ein-
bezieht, das unmittelbar und
direkt konkrete Erfahrungen
vermittelt, das Menschen und
Dinge in Bewegung bringt. In
diesem Methoden-Lehrbuch
finden Sie 15 konstruktive
Lernprojekte: Bausteine für
erlebnisintensive Seminare
und Workshops.
»Konstruktives Lernen« ist ein
Erfolg versprechender Weg,
Menschen dazu zu bewegen,
sich auf Veränderungen
einzulassen.

Aus dem Inhalt:
Die Konzeption des
Konstruktiven Lernens;
15 Projekte und Szenarien;
Planung und Vorbereitung
der Lernprojekte; Instruktion,
Moderation, Reflexion.

Jetzt mit Stichwortverzeichnis!
Das Praxisbuch für alle,
die Workshops, Klausuren,
Tagungen, Besprechungen
und Seminare leiten.

»Wenn jemals das gern zitierte
Schlagwort ›Aus der Praxis
für die Praxis‹ zutraf, dann bei
diesem Buch (...). Auf knapp
300 Seiten haben die Autoren
alles Wissenswerte zum
Thema ›Workshop‹ zusam-
mengetragen. Und es bleibt
zu hoffen, dass Moderatoren,
Trainer und Dozenten dieses
Buch zu ihrer Pflichtlektüre
machen.«
Dr. M. Madel, Seminarführer

Aus dem Inhalt:
Ablaufpläne von Workshops;
Vorher und Drumherum;
Umsetzung anschieben; Work-
shops mit Großgruppen.

In vielen Unternehmen und
Organisationen spricht es sich
herum: gut moderierte Gruppen sind einfach effizienter.
Die Zusammenarbeit verläuft
zufriedenstellender, die Ergebnisse erfüllen höchste An-
sprüche und werden von allen
Gruppenmitgliedern getragen.
Und die Chance, dass derar-
tige Ergebnisse in der Praxis
auch wirklich zur Anwendung
gelangen, steigt enorm.

»Fazit: Ein überzeugendes
Buch, das Schritt für Schritt
den Weg in moderierte
Besprechungen zeigt.«
TRAINING aktuell

Aus dem Inhalt:
Was bedeutet Moderation?
Die Stärken der Methode;
Vorbereitung und Ablauf
einer moderierten Sitzung;
Checklisten für die Praxis.

Der Mensch ist der wichtigste
Aktivposten eines Unternehmens. Der Erfolg hängt davon
ab, ob ein effektives und
zufrieden stellendes Arbeiten
möglich ist. Unter diesen
Gesichtspunkten ist Beratung
ein kostengünstiges Mittel zur
Verbesserung der Arbeitsleis-
tung. Doch gute Beratung will
gelernt sein. Michael Reddy
versteht darunter vor allem
die Hilfe zur Selbsthilfe. Die
Betroffenen sollen in die Lage
versetzt werden, selbst die
Lösung ihres Problems herbei-
zuführen. Er beschreibt ausführlich die drei Phasen des
Beratungsprozesses mit den
dazugehörigen Fähigkeiten,
Techniken und Einstellungen.

Aus dem Inhalt:
Die drei Phasen der Beratung;
Beratungstechniken;
Eigenschaften eines Beraters;
Karriereberatung.

Beltz Verlag • Postfach 100154 • 69441 Weinheim • www.beltz.de

WBELTZ WEITERBILDUNG

Marc Stollreiter / Johannes
Völgyfy / Thomas Jencius
Stress-Management
Das WAAGE-Programm®:
Mehr Erfolg mit weniger
Stress.
274 S. Zahlr. Abb. Pappband.
ISBN 3-407-36367-2

Mehr Erfolg und Lebens-
qualität, aber weniger Stress!
Dieses Handbuch bietet ein
wirksames Training zur Stress-
bewältigung mit mehr als
90 Übungen. Das von den
Autoren entwickelte WAAGE-
Programm® vereinigt
modernste wissenschaftliche
Erkenntnisse mit jahrelanger
Trainingserfahrung.
Es beinhaltet fünf Schritte:
W – Wahrnehmen
A – Annehmen
A – Abkühlen und aktivieren
G – Gewohnheiten aufbauen
E – Einstellungen entwickeln
Zahlreiche Praxistipps helfen
bei der Umsetzung.

Aus dem Inhalt:
Wie Stress und Wohlbefinden
entstehen; Eigene Ressourcen
nutzen; Erholung managen;
Der Konzentrationskreis.

Rolf Kretschmann
Die Kraft der inneren Bilder
101 Übungen, mit denen
Sie Probleme in Beruf und
Privatleben meistern können.
216 S. 38 Abb. Pappband.
ISBN 3-407-36362-1

Probleme leichter, lockerer,
lustvoller lösen: Innere Bilder
helfen dabei. Sie sind kreative
Ansätze, um Konflikte
bearbeiten zu können. Rolf
Kretschmann zeigt, wie der
Einstieg in die innere Bilder-
welt Sichtweisen verändern
kann. Dies führt zu besonderen Ideen, hilft Konflikte
zu lösen und Entscheidungen
zu treffen. Auch Trainerinnen
und Trainer erhalten Tipps,
wie sie die Übungen in ihren
Seminaren einsetzen können.

»... das Buch enthält selbst für
Weiterbildungsprofessionals
viele neue Anregungen.«
wirtschaft & weiterbildung

Aus dem Inhalt:
Probleme lockern; Lösungen
testen und weiterentwickeln;
Konflikte lösen und
Verhandlungen führen.

Regina Mahlmann
Konflikte managen
Psychologische Grundlagen,
Modelle und Fallstudien.
204 S. Pappband.
ISBN 3-407-36359-1

Konflikten sind wir täglich
ausgesetzt: Entscheidungen
stehen an, im Team herrscht
Unmut, der Chef ist anderer
Meinung. Ausweichen ändert
nichts. Innere, zwischen-
menschliche und soziale
Konflikte lauern überall!
Konfliktfähigkeit ist eine
Kunst, die Sie lernen können.
Wird sie beherrscht, lassen
sich viele Konfliktherde
frühzeitig erkennen und
Turbulenzen meistern. Die
Autorin liefert das Hand-
werkszeug: Sie beschreibt
die Ursachen von Konflikten,
den möglichen Verlauf sowie
die konstruktive Handhabung.

Aus dem Inhalt:
Voraussetzungen für Kon-
fliktfähigkeit; Innere Kon-
flikte; Zwischenmenschliche
Konflikte; Soziale Konflikte;
Fallstudien.

Axel Schlote
Zeit genug!
Wege zum persönlichen
Zeitwohlstand.
166 S. Pappband.
ISBN 3-407-36365-6

Um Zeit-Probleme nach-
haltig und wirksam entgegen-
zusteuern, ist ein Umdenken
notwendig. Wer begreift, dass
es alternative Möglichkeiten
im Umgang mit der Zeit gibt,
dem eröffnen sich neue Ver-
haltensspielräume. Die vielen
Übungen in diesem Buch
regen an, über sich, den Umgang mit Zeit, über Belas-
tungen und Einstellungen
nachzudenken. Ein ausführ-
licher Fragebogen hilft, die
eigene Zeit-Persönlichkeit zu
erkennen. Finden auch Sie
so Ihren Weg zum ganz persönlichen Zeitwohlstand.

Aus dem Inhalt:
Die gesellschaftlichen Ursachen der Zeitprobleme;
Zeitmanagement – die große
Illusion; Ein neuer Umgang
mit Zeit; Wege zum Zeit-
wohlstand.

Beltz Verlag • Postfach 100154 • 69441 Weinheim • www.beltz.de